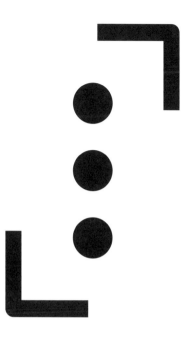

「話すのが苦手、でも人に好かれたい」と思ったら読む本

権藤優希
Yuki Gondo

きずな出版

Speech is silver,
silence is golden.

雄弁は銀、沈黙は金

トーマス・カーライル（19世紀／英／思想家・歴史家）

「はじめまして、○○と申します」

「あ、はじめまして」

「……」

「いいお天気ですね！」

「そうですね！」

「……」

「・・・・」

……話すのは、苦手ですか？

これまで延べ6万人と直接お会いし、
対面営業の事業で世界2位の実績を挙げたこともある私の経験上ですが、

「話すのが苦手だけど、沈黙も怖い。だから少しでも間があくと、無理にでもしゃべろうとしてしまう」という人は、人間関係で悩みやすい傾向にあります。

さらに不思議なことに、
そういう人は「仕事でも結果が出ない」と苦しむ人が多いです。

最高の人間関係を構築するうえで大事なのは、
「しゃべりのスキル」ではありません。
口ベタでも、人づきあいが苦手でも、相手との信頼を築く手法はあります。

ポイントは「無理にしゃべろうとしない」こと。

いかがでしょう、興味はありますか?
少しでも気になったなら、このまま先へ読み進めてみてください。

人間関係の悩みを解決する 24のアクションプラン

1. 「理想がある→思い通りにならない→悩む・凹む・怒る→あきらめる」のサイクルから抜け出そう
2. ネガティブなことが起きても、ネガティブなまま捉えてはいけない
3. 変えられないものは無視しよう
4. 頭のなかを書き起こして、ものごとをスジ立てる力をつけよう
5. しゃべるではなく、聞く&質問する
6. わからない言葉を使うくらいなら、しゃべらない
7. 「イエスクエスチョン法」を使おう
8. 「プレゼント」と「行動」を決めるまでは、しゃべらない

9 「あなたが思っていること」を伝えるのなんて、最後でOK

10 かっこいい言葉は捨てて、数字で語ろう

11 マイナスな出来事が起きたら、無理やりプラスの言葉を口に出そう

12 先に謝ってしまおう

13 自慢しない、否定しない、マウントをとらない

14 自己開示をして、フィードバックをもらう

15 「ありがとう」を口ぐせにして、義理人情を大切にしよう

16 「いま、この障害はココに効いているんだ」と意識して〝悩みの筋繊維〟を太くしよう

人間関係の悩みを解決する
24のアクションプラン

17 約束を守ろう

18 「なぜ」「そもそも」「本当に」を使おう

19 無駄を省きつつ、アナログな部分も大事にしよう

20 正直でいれば、人間関係のストレスはなくなる

21 「大事なつき合い」と「無駄なつき合い」をジャッジする

22 怒るより叱る、怒るより褒める

23 一人の時間をつくろう

24 自己決断を促そう

Prologue—

もう、うまくしゃべれなくても大丈夫

思い通りにいかないこと、ありますか?

「上司が、私のことを理解してくれない」
「気になる彼が、振り向いてくれない」
「なんで、うちはお金持ちじゃないんだろう」
「なんで、私はこんな顔に生まれてきたんだろう」
「もう少し身長が高くなれたらいいのに」

きっと、少し考えれば、どんどん思いつくのではないでしょうか。

裏返してみれば、「本当はもっと、こうありたい」という理想や願望・欲望が私たちにはたくさんあるということになります。

「上司は私に対して、もう少し優しく接するべきだ！」

「私のアプローチに彼が気づいて、私のことを好きになってくれたらいいのに！」

「毎日、自由に使えるお金が10万円あったら最高だ！」

「芸能人の○○ちゃんみたいな顔になりたい！」

「身長が１８０センチは欲しい！」

このように私たちは理想・願望・欲望に囚《とら》われています。だから、理想とは違うと「なぜ、思い通りにいかないんだ！」と感じてしまうわけです。

もう少し広い視野で考えてみましょう。
日本の人口は約1・2億人、世界の人口は約77億人。
当たり前ですが、人はそれぞれ容姿・体型・性格・考え方が違います。
77億人もいれば、そこには77億人分の「理想の世界」があります。
つまり、あなただけの理想の世界・社会・組織には、ならないということです。

私たち人間は、生きていくうえで「思い通りにならない」という悩みが尽きないものです。そのなかでも、とくにやっかいなものがあります。

「人間関係の悩み」です。

人間関係の悩みは、生きている限り消えることはありません。
77億人もいるのですから、当然です。

だからこそ、この悩みとうまくつき合っていくことこそが、生きていくうえでの最大のテーマだといえます。

これだけ世の中が豊かになったのにもかかわらず、幸せを感じる人が増えない理由は、人間関係でうまくいっていない人が多いからなのです。

では、人間関係の悩みと、どうつき合っていけばいいのか。

どうすれば、人間関係が劇的に改善するのか。

その私なりの答えが、本書のテーマでもある、

「無理にしゃべろうとしないこと」

です。

「え、どういうこと？　意味がわからない」

「そんなの無理だ。余計にストレスがたまってしまう」

そう思う方も多いのではないでしょうか。

しかし、本当にしゃべらないで人間関係が円滑になったとしたら、どうですか？

ストレスが減って、楽な気持ちになり、最高だと思いませんか？

じつはコミュニケーションは「しゃべらない時間」のほうが長い

私は、しゃべらずに人間関係を円滑に進めています。

いま、私が運営しているオンラインサロンには、累計で４００人ほどの塾生が参加しています。みんな自発的で、さまざまなプロジェクトを立ち上げては、爆速でものごとを前進させています。

そして私の会社では飲食店・小売店・出版・オンラインサロン・ビジネストレーニング・講演会の事業が同時進行で進んでいます。それなりに、うまくいっているほうだとは思います。

これだけ多角的に事業を進めていると、初めて私とお会いする方は、「権藤はコミュニケーションの達人だ」と思ってくださる方が多いのですが、じつはまったくそんなことはありません。

むしろ私はしゃべるのが苦手です。ほとんどしゃべっていないといっても過言ではありません。

私の仕事は、その多くが「いつもありがとう」「何か僕にできることはある？」と声をかけて、あとは「うん、うん」とひたすら話を聞くだけです。

でも、これで驚くほどうまくチームはまわっています。

不思議に思いませんか？

よくこんな相談を受けます。

「気合いを入れてしゃべくり倒したにもかかわらず、相手にまったく伝わっていなくて、無駄なエネルギーだけ消耗し、疲弊してしまいます」

これは、じつは考え方が間違っています。

無理にしゃべろうとするから、うまくいかないのです。

そもそもコミュニケーションとは、一方が話す時間だけで成り立つものではありません。相手が話している時間、あなたが質問している時間、お互い無言でいる時間、そのすべてがコミュニケーションの時間なのです。

「話す」というのは、コミュニケーションのほんの一部。

むしろ、しゃべらない時間（聞く・質問する・沈黙する）のほうが長いので、しゃべらない時間こそが、コミュニケーションのカギになってくるのです。

そして、さらにコミュニケーションで大事なことは「相手が、あなたに会う前よりも、前進している」ということ。

だからこそ、本当に目の前の人の成長を思っているなら、途中でしゃべらず、沈黙に耐えることも、ときには必要です。

せっかく相手が脳内で思考を整理して、自分の考えを組み立てて、言語化して、自己決断をしてしゃべろうとしているのに、あなたが沈黙に耐えきれないからといって、しゃべりはじめてはダメです。

これでは、相手の成長の機会を奪っているということになります。

人は、相手の話を聞いているときではなく、その話を聞いて、自分が自分なりにしゃべっているときに、自己決断をしているはずです。

たとえば営業でもそうですが、顧客をコントロールしようとすると解約につながり、顧客自身の自己決断を引き出すと契約につながります。

人間関係において、この「相手の自己決断を引き出すこと」こそが、最強のコミュニケーションといえるのです。

無理にしゃべろうとしてはいけない！

失敗例

一方的にしゃべるだけ

成功例

聞く＋質問＋沈黙

⇩

相手の自己決断を引き出す！！

あなたもこれまで、さまざまな自己決断をしてきたと思います。

思い出してください。たとえば習いごとひとつとっても、まわりから勧められたからではなく、自分から習いたいと思ったときのほうが長続きしたはずです。

コミュニケーションもこれと一緒です。


あなたがたくさん話して納得させるより、自己決断を促すほうが大切なのです。

あなたが「どうしゃべるか」よりも、相手が「どう思う」か

私自身、独立する前は、NECという会社で営業をしていました。

当時から無口で、しゃべりのスキルで顧客をつかんでいくというタイプではありませんでした。それでも、本書でこれからご紹介するようなスキルを駆使して、入社3年目には社内で賞をもらうまでになりました。

独立してからも一緒です。

とある営業の事業を立ち上げたときは、半年間で、業界内世界第2位の成績をたたき出したこともあります。そのときももちろん、本書でご紹介するようなスキルや考え方を駆使していました。

口ベタだった私でも実績を出してこられた手法、それが本書でご紹介するコミュニケーションなのです。

人間関係を円滑にするコミュニケーションにおいて、相手のペースに合わせてしゃべることは、とても大事になってきます。

相手がゆっくりしゃべる人なら自分もゆっくりしゃべる。相手が早くしゃべる人なら自分も早くしゃべる。相手の声が小さいのに、いきなり大きな声でしゃべると、それだけで拒絶されてしまいます。

カメレオンは獲物に近づくとき、気づかれないように、周囲と同じ色に染まります。また逆に、天敵の目をごまかすために色を変えたりもします。命を守るために、何にでもなるのです。

コミュニケーションにおいては、あなたが一生懸命話すことよりも、カメレオンのように相手によって変色して、相手の心地よいゾーンで会話をすることが大事になってきます。

つまり、無理してしゃべることに一生懸命にならなくとも、話し方の技術をがんばって練習しなくても、人間関係は前進させることができるのです。

本書では、口ベタでもうまくいくためのコミュニケーション、そのために大切なマインドやスキルを、ご紹介していきます。

しゃべるのが苦手な人、人見知りの人にとっては、とくに役立てていただける内容になったと自負しております。「**話すのが苦手、でも人には好かれたい**」と悩んできたあなた、もう安心してください。

それでは、はじめましょう。

Contents

「話すのが苦手、
でも人に好かれたい」
と思ったら読む本

Chapter 1

「悩み」は人間関係が9割

Chapter 2

人づきあいで悩んでしまう人、人づきあいで悩まない人

Chapter 3 「話すのが苦手、でも人に好かれたい」という人が、信頼を構築するシンプルな方法

Chapter 4

最高の人間関係を築くために「意識するべき」こと

Chapter 5
最高の人間関係を築くために「捨てるべき」こと

そもそもなぜ、私たちは人間関係で
こんなにも悩んでしまうのでしょうか。
まずはそのメカニズムと対処法から、見ていきましょう。

「悩み」は

Chapter 1

人間関係が9割

私たちが人間関係で悩んでしまうシンプルな理由

Action

「理想がある→思い通りにならない→悩む・凹む・怒る→あきらめる」のサイクルから抜け出そう

「すべての悩みは、対人関係の悩みである」

アルフレッド・アドラーの有名な言葉です。

たしかに私たちは、つねに対人関係で悩みます。

意識しなくても、次から次に悩みごとが出てくるようにできています。

なぜか?

プロローグでもお伝えしましたが、**私たち人間は、つねに「思い通りにならないこと」にストレスを感じるようになっているから**です。

会社の人間関係、夫婦関係、恋愛や友人関係、お金や身体(病気)のことなど、思い通りにならないことに対して、いつも悩みを抱えているのです。

私自身も、ＮＥＣで会社員をしていた営業マン時代や、起業した当初、「思い通りにならないこと」に反発して、よく闘《たたか》ってしまっていました。


「なんで、今月は達成できないんだ！」

「なんで、もっと提案しないんだ！」

「なんで、それしかアポイント数がないんだ！」

「なんで、報連相《ほうれんそう》がないんだ！」

クライアント先でも、

「どうして今週、会えないんですか？」

「どうして、この見積もりじゃいけないんですか？」

「どうして、うちじゃなくてA社なんですか？」

振り返ってみると20代のときはいつも怒ってばかりで、相手をコントロールしようとする現場が多かった気がします。

思い通りにならないことに対して、すぐにカッとなって、闘っていました。

頭を抱えていると、「悩んでも仕方ないよ。ポジティブに生きよう」と言われ、余計にイライラしたり……。

しかし、ムキになってイライラして、相手をコントロールして、思い通りにいったことなど、数えるほどしかありません。

たとえその瞬間うまくいったとしても、それは結果的に誰かを傷つけていることになるので、あとで人が離れていきました。このような経験をたくさんしてきました。

人はわがままな生き物です。理想もたくさん持っています。

ただ、「これじゃない！」という現実が起きることで、いつも悩んでいるのです。

そして、ほとんどの人は、

理想がある
↓思い通りにならない
↓悩む・凹む・怒る
↓あきらめる

というサイクルをつくってしまう。

このサイクルこそが、人間関係の悩みの「負のループ」なのです。

しかし、本当にそれでいいのでしょうか?

解決策はあるはずです。もう少し深く見ていきましょう。

負のサイクルから抜け出そう!!

念願の彼女との花火大会で、大雨に見舞われた男

Action

ネガティブなことが起きても、
ネガティブなまま捉えてはいけない

プロローグでも書きましたが、日本の人口は約1・2億人。世界の人口は約77億人。人はそれぞれ容姿・体型・性格・考え方、そして理想とする世界が違います。

50人なら50人の「こうあるべき」があり、100人なら100人の「こうあるべき」があるということになります。

最初に知らないといけないことは、思い通りの世界など存在しないのだから、気にするのはやめるべきということです。

ひとつ例をあげて考えてみましょう。

あこがれの彼女を花火大会に誘うことに成功（ハイテンション）。
待ちに待った、花火大会当日。
その日は仕事も手につかず、ずっとソワソワしているあなた。
絶対にデートの時間に遅れることは許されないと、
テキパキと仕事を片づける（ハイテンション）。

ふとブラインド越しに空を見ると、うすく雲がかかりはじめているのが見える。
気になりながらも、構わず仕事を終わらせて足早に退社（テンションMAX）。
彼女と合流するため、待ち合わせの駅に到着。
そして彼女も到着（テンションMAX）。
おまけに彼女の浴衣姿を見て、さらにテンションMAX。
いざ花火大会の会場へと向かっていると、あってはならないことが……。
雲に覆われていた空から、ぽつ、ぽつ、と雨が降りはじめ、
そのうち歩けないくらいの土砂降りに。
花火大会会場のテントで雨宿りをしながら、テンションが下がっていくあなた。
それを見て、気まずそうにしている彼女。
そして、ついに、あってはならないアナウンスが。
「本日の花火大会は、雨天のため中止となりました」
泣きそうになるあなた。

「なんでだ！　なんでこのタイミングで雨が降るんだ！」

「すぐにやむでしょ？　なんとかならないんですか！」

あなたがイラ立つことで、さらに気まずそうになる彼女。

一度、取り乱したムードは変えることができない。

その日は何をやってもダメ。そのままデートは終了。

その後、彼女からの連絡も返ってきづらくなり、残念ながらお別れになりました。


いかがでしょうか。ありがちですよね。

この話はまとめると、こうなります。


「雨ごときに人生を振り回されている、残念な男」

雨に罪はあると思いますか？

デートが失敗したのは、本当に雨のせいでしょうか？

これは雨が降ったという「現象」を、この男がどう見て、どう捉えて、どんな感情を選択したのかという「選択の結果」にほかならないのです。


土砂降りになってテントで雨宿りをしている瞬間だって、心配で不安そうな彼女を元気づけたり、笑わせたりすることもできます。

「浴衣まで着てくれたのに大変だったね。大丈夫？」と気遣うことができたら、逆にモテるかもしれません。

中止のアナウンスを聞いた瞬間、

「花火大会で楽しいデートにすることは誰でもできる。逆に『雨で中止になったのに、こんなに楽しいデートになるなんて！』と思わせるから、彼女が僕に惚れるんだ」

と、捉えることができるあなただったらどうですか？

彼女と約束ができてハイテンション
↓仕事をしながらデートの時間が近づいてきてハイテンション
↓彼女と合流してテンションMAX
↓雨で中止になりテンションダウン……ではなく、さらにテンションMAXに

という選択だってできるのです。

要は、あなた次第なのです。

雨が降る・降らないは、あなたの管理下にありません。

「大事な日に限っては、快晴であるべきだ」

そんな現実は、ないのです。

管理下にないことに振り回されずに、管理下にあることに集中することこそが、人間関係の悩みを解決する大きなヒントになるのです。

他人のことは、あなたの管理下にないのだから、気にしない

Action

変えられないものは無視しよう

私たちが人間関係で疲れる理由のひとつ。

それは、

「できもしないことを、変えようとしているから」


です。

なぜか人は、他人やまわりを変えようとします。

気になる彼がいたとして、「私のこと好きにな〜れ〜！」と呪文のようにコントロールしようとしても、相手は変えられないのです。

そもそも人は毎日、昨日とは違うテンションで生きています。

二日酔いの日もあれば、体調の悪い日もある。家族や恋人とうまくいっていない日だってあるのです。

あなたの上司も、出社時とランチのときではテンションが違いませんか？　そして退社間際の飲みに行く前の上司の機嫌のよさといったら……。

このように、人はいつもテンションが違うのです。

あてにならない他人の気分に振り回される人生は、本当にリスキーです。

では、なぜ他人は変えられないとわかっていても、変えたくなるのでしょうか。

それには、理由があります。

「うまくいってしまうことがあるから」です。

自分を変えるのはタフな作業だし、できれば避けたいと思っている人は多いです。

他人が変わってくれたほうが、自分が変わらなくて済む。楽なのです。

そして、怒って暴れたり、泣いてすねたり、見返りを求めて他人をコントロールしようとすると、ごく稀にうまくいってしまうことがあります。

この「ごく稀にうまくいくこと」に味をしめてしまうので、我々は他人やまわりを変えようとしてしまう習慣があるのです。

ただし、ごく稀にうまくいくとはいえ、ほとんどの場合は見返りを求めて他人をコントロールしようとしても、失敗に終わってしまいます。

さらに、見返りを求めて行動している仕草は、他人に嫌な印象を与えます。

ごく稀にしかうまくいかないのに、他人の嫌がる行動をして自分の評価を下げるなんて、非常にもったいないことをしていると思いませんか。

ここで大事なことは、変えられないものに対して見返りを求めるのではなく、受け入れるということです。そして、少しずつ理想に近づけていくことです。

いきなり完璧を求めるのではなく、加点方式で受け入れていく感覚が大事です。

「好きになってほしいけど、まずは、彼はどんな人がタイプなのか聞いてみよう」

「彼が好意を抱くように、もっと魅力的な自分になるために、自己投資をしよう」

「あと、ほかにできることはあるかな？」


このように考えると、やることが明確になり、地に足がついて冷静になります。

そして、それを愚直にこなしていると、次第にプラス思考になっていきます。

逆に、いきなり完璧を求めると、できていないマイナスに目を向けて探すということになるので、減点方式で生きていくことになってしまいます。

そう、人間関係において「完璧を求める」はご法度なのです。


完璧を求めないためには、「人はそれぞれ、みんな違うんだ」ということを受け入れる必要があります。

そもそも、人は違うから好きになってもらえます。

全員同じ顔、同じ性格、同じ体型だったら、誰も好いてくれません。愛してもらいたいのだったら、違うことを喜びに変えないといけないのです。

人《ひと》の間《あいだ》と書いて、人間関係です。

「この人の足りないところは、私が救えるな。私の足りないところは、この人に補ってもらおう」

それが自分の生きる意味になっていくのです。

人との間に生きず、自分のなかだけにフォーカスして答えを見出そうと思っても、幸せになりづらくなります。

いくら自分だけにフォーカスしても、完璧な人間なんていないからです。

たしかに、均質化されたり、同質化されることで、仕事の効率が上がることはたくさんあります。私もそれを追求しています。

でも、人間関係においては、それだけではダメです。

スーパーマーケットにおいては、同じ形や大きさの果物や野菜しか並んでいません。バラバラだと効率が悪いからという理由で、不恰好なものは排除され、捨てられる野菜もあるそうです。

しかし人間関係においては、型にはめて、同じ形になってくださいというようにコントロールすると、とてつもないストレスがかかりますし、悩んでしまいます。

人間は、スーパーの果物や野菜のように、同じ形や大きさ・考え方に統一してしまうことはできないですし、許されないのです。

他人のことはあなたの管理下にありません。みんな違って、当たり前です。

人間関係において、変えられないものは受け入れて、加点方式で、管理下にあることを徹底していきましょう。

変えられないものは無視しよう！

たまにうまくいく→調子に乗る

管理下にないことは気にしない

客観的な目を養うことで、悩まない人になれる

Action

頭のなかを書き起こして、ものごとをスジ立てる力をつけよう

思い通りにならないことは気にせず、管理下にあるものにフォーカスすることの大切さを述べましたが、それでも振り回されてしまう人もいると思います。

そういう人は、どうすればいいのか。

そもそも、思い通りにならないことに振り回される人は、出来事を客観視できていないという特徴があります。

自分の主観でしか出来事を見ることができず、視野を狭《せま》くしてしまって、いつも悩んでいるのです。

主観的にしか見ることができない人は、気づきにくい人になってしまいます。逆に客観的な目を養うことは、気づきやすい人になっていけるのです。

客観視するために効果的なこととして、文章を書くことがあります。

文章を書くことは、視野を広げ、ものごとを俯瞰的に見る力を高めます。

文章を書くことで、ものごとを構造化する能力が磨かれるのです。

「なんで、この人はこんな言い方をするのかな？」と思う人は、だいたい「想定外」が多いという特徴があります。

逆に、人間関係で悩まない人は、つねにいろいろなケースを想定しています。「こう来たらこう返す」「こういう人にはこうアドバイスをする」というように、つねに網羅《もうら》されているので、その局面局面でベストな選択肢・行動が取れるのです。

そのような思考の網羅性を高めるには、「書く」ことが有効です。

その際、ただ単に自分のジャストアイデアを書き並べるだけでなく、構造化して考える必要があります。人の気持ちの抜けやモレを防ぐためには、構造化することが必要です。そして、構造化するためには、書くことが一番なのです。

文章を書くとき、まず、もっとも伝えたいことを決めます。
そして、その結論を導き出すために、全体の構成を考えます。
さらに、主張したい結論に対して起承転結を組み立てて、その項目の骨組みに対し

て、肉付けをしていくのです。

書くクセが身につくと、最初から全体像をイメージしながら仕事ができ、目の前の部分だけに集中しすぎて全体を見失うということが防げます。

会議のアジェンダをつくる、ブログを書く、人前で話すときの原稿をつくるなど、文章を書くチャンスはいくらでもあります。

思い通りにならないことに一喜一憂しないために、普段から文章を書き、構造化してものごとを考える力を養いましょう。

世界が変わり、コミュニケーションがより重要になった

世界は変わりました。

第4次産業革命が進み、世の中はAI・IoT・ブロックチェーン・シェアリングの時代となりました。さらに驚くようなスピードで変化を続けています。

キャシー・デビッドソン教授（米・デューク大学）は、

「2011年の秋に小学生となった子どもの65％は、将来、いまは存在しない仕事につく」

と発表しました。

こう考えると、まだまだITによる人類の発展は数%に過ぎない段階なのかもしれません。


現代では、よりよい便利なツールが生まれ続けます。

それによって、「世の中にない」ものはほとんどなくなりました。

こうなると、時代が「モノ」消費から「コト」消費へと移り変わります。

とくに新型コロナウイルスという感染症を経験した世界は、かつて見たことのないほどのペースで倒産や失業が相継ぎ、「縮小」の傾向がしばらく続きます。

それにより消費者もお金がなくなり、必要なものしか買わない、モノが売れない時代が到来します。

もはや海外旅行やブランド品、高級車やタワーマンションは売れない時代になっていくのです。

そうなると、より加速していくのが「共有」の世界です。

人々はお金がなく、必要最低限のものしか買わない、あとは個人間で「シェア（共有）」をしていくという流れが加速します。

この「共有」は、すでに私たちの生活に普及しはじめています。カーシェア、コワーキングスペース、メルカリ、エアビーアンドビー、ゴーストレストランなどがそうです。

共有経済の最大のメリットは、金銭的な節約ができること、そして、コミュニティの結びつきが強くなることです。

この共有経済により、以下のような事業がさらに加速します。

・「空間のシェア」民泊、コワーキングスペース
・「モノのシェア」メルカリ、ヤフオク！

・「移動のシェア」ウーバー、カーシェア
・「スキルのシェア」クラウドソーシング
・「お金のシェア」クラウドファンディング

会社・企業は次第に必要なくなり、物質主義から精神主義、モノ消費からコト消費へ時代が変わっている――。

そして、そのコト消費の時代にもっとも必須なスキルが、そう、「コミュニケーション」なのです。

人間関係で悩んでしまう人・悩まない人は、
それぞれどのような特徴があるのでしょうか。
5つずつ特徴があるので、ご紹介します。
あなたはどれかに当てはまるでしょうか。

人づきあいで悩んでしまう人、

Chapter 2

人づきあいで悩まない人

人づきあいで「悩んでしまう」人の5つの特徴

人づきあいで悩んでしまう人の特徴①

「一人で抱え込んでしまう」

人間関係で悩む人は、問題を一人で抱え込んでしまうことが多いです。

たとえば、小・中学校で授業の問題を解いているときに、真っ先に「わかった！」とやたらとアピールしてくるクラスメイトは、いませんでしたか？

そのときのあなたの対応は、次のうちどちらだったでしょうか。

・「なになに？　どうやって解いたの？　教えて」と素直に言える

・じっと一人でかたまり、力を借りずに、自分で解きたいと思う

私は後者でした。

最初は自分でがんばるも、まわりが問題を解いていくと徐々に焦り、「教えて」と言えたらいいのに、言えずに焦って頭を抱えるタイプでした。

私と同じくこのような傾向にあった人は、いまでも一人で抱え込むことが多いのではないでしょうか。

「自分の力で解かないと意味なんかない」

「ちょっと早く解き終わったからって、うるさいな」

「俺を可哀想な目で見るな。同情される筋合いなんてない」

次第に自分のなかでこんな会話をしていくことになります。

一人で抱え込んでしまうと、心のなかでネガティブワールドが創り出されたり、被害妄想になったり、悪いほうに拡大解釈しすぎて、ドツボにハマっていくことがある

ので注意しましょう。

人づきあいで悩んでしまう人の特徴 2

「まわりと比較してしまう」

私は小さいころ、母親に「隣の○○くんは学校に行くときに一緒にゴミ捨てをしてくれよるとよ。お母さんもそうしてくれたら嬉しいな〜」という、比較やコントロールをよく受けていました。

「○○ちゃんを見習いなさい」

「○○さんの家、車を購入したね。きっと出世したんだろうね」

このような会話をたくさん聞いて育ってきた方は、多いのではないでしょうか。

とくに日本人はまわりと比較しがちです。

だから、大人になってもつい、まわりと比較して悩んでしまいます。

しかもタチが悪いのが、比較した結果、自分が悪い・自分が劣ってるという情報ばかりを集めてしまうことです。

自分にダメなレッテルを貼るクセがついたまま大人になるので、どこかでその流れを断ち切る必要があります。

断ち切るために効果的なのは、環境をガラッと変えることです。

私の場合は、上京して実家を出ました。

そのことによって無駄な情報が遮断され、自分にとって有益な情報だけを選択できるようになりました。

そして起業してからは、仕事を通じて自分に自信を持つようになったので、まわりと比較して燃えることはあっても、凹《へこ》むという選択はしないようになりました。

まわりとの比較がダメなのではありません。

比較して凹む・ダメなレッテルを貼るのがよくないのであって、他人と比較して燃える自分をつくっていくと楽しくなります。

人づきあいで悩んでしまう人の特徴③
「気を遣いすぎる」

悩む人によくある傾向として、「嫌われているのではないか?」と他人に気を遣いすぎて、結果的に疲れて悩んでしまうというスパイラルに陥ってしまうことがあります。

2つ覚えておいてください。

ひとつは、完璧な人間なんて、この世の中にはいないということ。

世の中には「みんなに好かれている人のことは無条件で嫌い」という人がいるくらいです。どんなに完璧な人でも嫌われることだってあるのだから、「どうせ完璧な人間なんていない」と割り切りましょう。

もうひとつは、まわりはあなたが思っている以上に、あなたに無関心だということ。

たとえば誰かと一緒に写真を撮ったら、「見せて見せて」と言って、どこを最初にチェックしますか？　自分ですよね。それが彼とのツーショット写真であっても。

このように、誰もあなたのことなんか気にしておらず、みんな自分のことしか気にしていないのです。

気を遣いすぎると萎縮してしまいます。

悩む人は、まわりに気を遣いすぎるあまり、次第に自分のことをあと回しにするようになります。

自分の意見を発言せず、まわりに同調していくだけになってしまうのです。

しかし、本当にそれがまわりから嫌われないことにつながるのでしょうか？

「この人は何を聞いても、『そうだね』しか言わない」となったら、次第に誰もあなたに意見を求めなくなり、必要とされなくなるのではないでしょうか。

やはり、どんなにがんばっても誰かからは嫌われるのだから、そんなこと考えなくていいのです。

とにかく、いつも管理下にあるあなたのベストを尽くしてください。

それで嫌われるようなら、清々《すがすが》しいじゃないですか。

私は、そんなあなたを受け入れます。

人づきあいで悩んでしまう人の特徴 4

「失敗が少ない」

失敗が少ない人は、悩みの沸点が低く、すぐ悩んでしまいます。

少しうまくいかないだけで、人生の終わりのように落ち込んでしまって、まわりに悪影響を撒き散らしてしまうのです。

落ち込むだけならいいものの、まわりに悪影響を与えるというのはよくありません。

迷惑だし、相手を思いやる気持ちに欠けた行動としか思えません。

風邪のウイルスを避けてその人から離れるように、ネガティブなウイルスが移らないようにと、その人からは人が離れていってしまいます。

自分は不幸でも、それを撒き散らしていい権利なんて、誰にもないのです。

私も、以前は失敗という現象にビクビクしていました。失敗とは自分の価値を下げること、恥ずかしいことという捉え方をしていたからです。

しかし、考えてみてください。

「逆に、一発でうまくいくほど、私は天才だったのか？」ということです。

そうではないことに気づいた私は、**失敗＝挑戦している証**（**自分の価値を上げること・誇らしいこと**）という認識に変わっていきました。

失敗する経験が少ないと、ほんの少しのことで悩みやすくなります。

「どうせ最初からうまくはいかないから」と失敗を楽しみながら、挑戦してみてはいかがでしょうか。

人づきあいで悩んでしまう人の特徴 5

「暇である」

悩むのは、間違いなく暇なときです。

スケジュールがパツパツで充実しているときに、人は悩みません。

水が高きから低きに流れるように、人の意識も、何もしないと、高きから低きへ、自然とネガティブな気持ちに流れてしまうものなのです。

次に予定が入っていれば強制的に切り替えられるのですが、1日、何もないと、さすがにネガティブに入り込んでしまいます。

ぼーっと過ごすのが悪いわけではありません。

私も何も考えずにぼーっとする時間はつくります。

その場合は1日のスケジュールを決めて、そのなかに「ぼーっとする時間」というのを事前に決めて実行します。アラームや音楽で「ぼーっとする時間」の終わりの知らせと同時に、すぐ切り替えることができます。


以前、「3秒悩んだらすぐ相談しなさい」と教えてもらったことがあるのですが、3秒考えてわからないことは、結構な確率で、そのあと考え続けてもわからないことが多いものです。悩み続けること自体、人生の時間の無駄なのかもしれません。

1日のスケジュールを立てて、つねに予定をパッパッにして、悩んだらすぐに相談できる環境を手に入れましょう。

人づきあいで「悩まない」人の5つの特徴

人づきあいで悩まない人の特徴❶

「忘れることができる」

「権藤さんが成功していった過程で、しんどかったという出来事は何ですか？」

「失敗経験を教えてください」

「ここまで来るなかで、失ったものを教えてください」

普段からよく、こういった質問を受けることがあります。

こういった類の質問は、いつも答えるのに困ってしまいます。

なぜなら「ない」からです。

そう答えると、「ないんですか（汗）。やっぱり権藤さんは最初からすごかったんですね。私とは違います」などと落ち込む人がいます。

しかし、そうではありません。

「覚えていない」のです。

さっさと都合よく忘れるしか、そのときの選択としてはなかったからです。

前作の『心が強い人のシンプルな法則』（きずな出版）に書かせてもらいましたが、たしかに絞り出すといくつかの失敗談は思い出すことはできます。

でも、それはとくに印象深い出来事であって、失敗のほとんどは覚えていません（失敗ばかりしているはずなのに）。

むかし「成功とは積雪と似ている」と教えてもらいました。雪が積もるには、地面に落ちて溶けきる前に次の雪が積もる必要があります。成功もそれと同じだ、と。

その話を聞いて、とにかくスピード・量を追って数字をつくってきました。

そのように目まぐるしく動いているなかで、いちいち失敗に立ち止まり、失敗を実感する暇なんかありませんでした。


「いろいろ試してみて、ふと気づけばうまくいっていましたよ」

「では、いろいろ試すなかで、どんな失敗をしましたか？」

「えっと、覚えていないです。必死だったから」

という感じです。

ちなみに私は、前述の「ここまで来るなかで、失ったものを教えてください」という質問に対しては、いつもこう答えています。

「そんな無駄な質問をしなくなったことかな」と。もちろん笑いながらです。


私のメンターはもっとかっこいいです。

「失ったものを教えてください」

「それは将来に対する不安だよ」

人づきあいで悩まない人の特徴②

「都合よく生きる」

悩まない人は、パクることに抵抗がありません。

自分よりいいアイデアや方法があったら、何のプライドもなく「それ、いただいちゃいます」と遠慮なく取り入れます。

正確に言うと、プライドがないのではありません。

自分のやり方にプライドがあるのではなく、成果（さらにうまくいくこと）にプライドがあるのです。

他人の力をうまく借りて成果をつくることも、自力のうちなのです。

悩まない人は、反省はしても後悔はしません。

反省とは未来に向けてするものなのに対して、後悔とは過去を引きずって過去に影響を受けて生きていくことです。これからのあなたにとっては何の意味もありません。

とにかくポイントは、自己価値を下げる事柄からうまく逃げることです。

悩んだ結果、

「まあ、一度や二度逃げ出したって、人生は終わらないだろう」

「自分の人生だから自分で決めよう。自分以上に責任取れる人なんていないし」

と、都合よく捉えていくことも大事です。

とはいっても、達成グセは大事です。

私は、よく「ポジティブな目標設定」と、「受け皿の目標設定」をします。つまり、最高の目標と、最低でも達成する目標です。

「今月は売上５０００万円を目指す。最低でも３０００万円は必達する」

といった具合です。

ポジティブな目標設定だけして、達成できそうにないなら逃げるのではなく、受け皿の必達目標に向き合い、必ず達成して終わるようにクセをつけていきましょう。

この受け皿の目標設定自体、都合のいい考え方をしている証拠なのです。

人づきあいで悩まない人の特徴③

「『なんとかなる』ではなく『なんとかする』という意識」

楽天的な人は悩みません。

楽天的とは、「くよくよしない」ということです。

起きてしまった事象に対して、「もう終わりだ」と落ち込むのではなく、「まあ、起きてしまったものは変えられないのだから、しょうがないよね」と前向きに考えることです。

楽観的という言葉もありますが、少しニュアンスが違ってきます。

楽観的とは、「なんとかなるさ！」というお気楽トーンで、決してポジティブ思考とは言えません。

「起きてしまったものはしょうがないよね」は未来を生産的に働かせようとする意思を感じるのに対して、「なんとかなるさ」は無計画さを感じます。

「無計画は失敗を計画すること」という言葉があります。楽観的というのは、決して褒め言葉として使えることではないのです。

本当のポジティブ思考というのは、最悪の事態を想定したうえで、「それでも自分ならなんとか打開できる」と信じて突き進む思考のことをいいます。

「なんとかなる」ではなく、「なんとかする」のです。

これには甘い考えなど一切なく、どんな問題が起きても解決することを決めて、強い覚悟を持って前に進み続けることであり、これこそ真のポジティブ思考です。

楽天的な考えを持って、悩みを打破しましょう。

人づきあいで悩まない人の特徴④
「すぐ決めることができる」

すぐ決めることができる人は悩みません。

すぐ決めるとは、「①ものごとを即断即決できる人」「②イエス・ノーがはっきり言

える人」のことです。

ここでのポイントは、拙著『自分で決める。』（きずな出版）にも書きましたが、人生の決断において自分以上に責任を負える人なんか、家族・恋人含めても存在しないということです。

私は大学卒業後にNECに勤めていました。

NECを辞めて起業するときは、親に大反対されました。

そのときに私は、

「じゃあ、起業をやめなさいと言う以上、起業して成功したら得られるはずだった事柄の数々を、お母さんは保証してくれるの？」

と聞いてみました。

それに対する親の答えは、

「それとこれとは別！」

でした。

自分の将来に責任を取れる人が、自分の道を決めたらいいのです。

親でも恋人でも上司でも親友でもありません。

あなたが決めるのです。

もちろん選択の責任も自分で取ります。

いい結果も悪い結果も、結果の原因は外側にはない、すべて自分が源《みなもと》なのです。


悩む人は、まわりの目を気にして、他人に同調してしまうと書きました。しかし、もっと言えば、他人の意見に従って失敗しても、それは他人の意見を聞くと決めたあなた自身の責任です。

他人の意見に従おうが、自分の心に従おうが、責任を取れるのは自分だけです。

たとえば営業や会議の場で、いつもグレーなオブラートに包んだ発言ばかりで、白黒はっきり責任を取らない人は、信頼されません。

すぐ決めることができる人は、信頼されるし、悩まないのです。

人づきあいで悩まない人の特徴⑤
「健康的である」

悩まない人は、とにかく健康的です。

「健全な精神は、健全な肉体に宿る」という言葉がありますが、これは非常に的を射ていると思います。

経営者ほど健康に意識が高かったり、身体づくりをしていたりします。

私は、ほとんどの悩みは気のせいだと思っているので、気（気分）をよくするためのことをやれば自然とポジティブになると思っています。

具体的には、ホルモンのバランスと自律神経のバランスを整えることです。

効果的なのは3つです。

（1）良質な睡眠をとる

（2）食生活を整える

（3）適度な運動をする

これだけです。

よく寝て、よく食べて、よく運動する、以上です。

現在、私は37歳ですが、20代の頃に比べて睡眠を大事にしています。

寝ずに働く時期があるのも大事ですが、いまは早めに就寝したり、枕にこだわったり、短い昼寝をしたり、睡眠をコントロールしています。

食生活も、いまでは少しお金をかけてでも、健康的なものを食べようと意識しています。

1日3回食事するとして、1年で1095回。37歳なので、残り43年間ご飯を食べる機会があるとしたら、人生で食事するのは、あと4万7000回です。

楽しみのひとつである食事の1回を、カップラーメンで済ませたくありませんよね。

サプリなどを摂って、栄養の偏りを補って、いい食事を心がけましょう。

そして、運動です。私も毎週筋トレをしています。

1時間筋トレをするだけで、ドーパミンやノルアドレナリン、セロトニンなどの脳内物質のレベルが高まり、エネルギーに満ち、集中力が高まっているのが自分でもわかります。

そして、ランニングでも散歩でもいいので、日光を浴びると悩みにくくなります。

健康な状態でメンタルのバランスも保ちましょう。

健康な人は悩まないのです。

ソーシャルスタイル理論を使って、4つのタイプを知る

このあとの章で、コミュニケーションについて、具体的なスキルをご紹介していきます。

ただ、その前にまずは、次ページの図をご覧ください。

コミュニケーションを理解するために、あなたのタイプを把握しましょう。

これを「ソーシャルスタイル理論」といいます。

「自己主張」の強弱と、「感情を表に出す強弱」の2軸で人の性格を4つに分類したものですが、あなたはどのタイプでしょうか？

ソーシャルスタイル

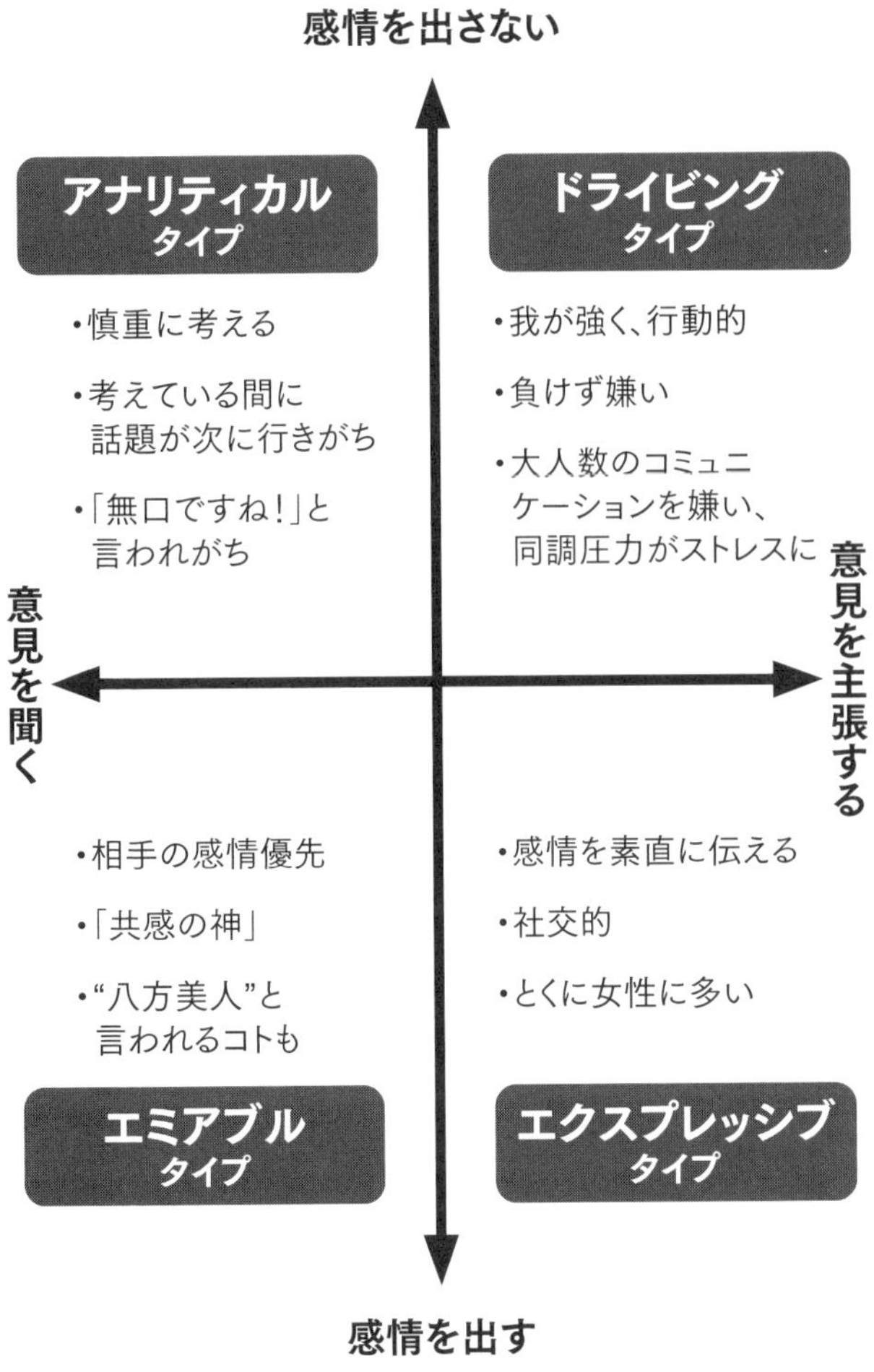

感情を出さない
アナリティカルタイプ
・慎重に考える
・考えている間に話題が次に行きがち
・「無口ですね！」と言われがち
ドライビングタイプ
・我が強く、行動的
・負けず嫌い
・大人数のコミュニケーションを嫌い、同調圧力がストレスに
意見を聞く
意見を主張する
・相手の感情優先
・「共感の神」
・“八方美人”と言われるコトも
エミアブルタイプ
・感情を素直に伝える
・社交的
・とくに女性に多い
エクスプレッシブタイプ
感情を出す

我が強くて行動的であり、負けず嫌いなのが「ドライビングタイプ」。

感情豊かで明るい、目立ちたがり屋の「エクスプレッシブタイプ」。

じっくり分析する、分析屋の「アナリティカルタイプ」。

協調性抜群の「エミアブルタイプ」。


ドライビングタイプの人は、大人数でのコミュニケーションを嫌います。

まわりが「今日の講演、面白かったよね」と言っているなか、一人だけ「いや、俺はそうは思わない」と言いにくいからです。もしくは、そのような発言をしてしまい、天邪鬼《あまのじゃく》だとまわりに思われている人もいるでしょう。

自己主張が強いドライビングタイプの人は、かなり自分を持っている人です。

だからこそ、まわりの意見に合わせて、自分の意見を変えるのが苦手で、つねに同調圧力がストレスになります。

感情を表に出し、なおかつ自己主張の強いエクスプレッシブタイプの人は、相手に共感するというよりは、自分の感情を素直にまわりに伝えて楽しむ人です。

よくも悪くもあまり空気を読まず、逆に空気をつくることができるので、誰とでもフランクに話すことができて社交的な人です。このタイプは、とくに女性に多いようです。

分析屋のアナリティカルタイプは、自分の考えを人に伝える前に、かなり慎重に考えます。

自分の感情よりも、「正しいか正しくないか」を考えてしまいます。

その結果、人とのコミュニケーションでは、考えている間に話題が次にいってしまうというようなことがよく起こります。

アナリティカルタイプは、自己主張が強いわけではないので、ずっと自分のなかで考えてしまっています。

本当に発言が必要なとき以外は、積極的に人に伝えようとしません。

ですので、大人数の前では黙っているキャラになりがちです。

「無口ですね？」と言われますが、こちらからしてみれば、逆によく、そんなにしゃべることがあるなあと思っているのです。


自己主張が弱くて、感情を表に出すエミアブルタイプの人は、共感の神です。

このタイプの人は、あらゆる場面で相手の感情を優先した行動がとれます。

そのせいで八方美人と言われることもありますが、知らない人とのコミュニケーションは抜群で、第一印象が間違いなくいい人です。


ちなみに私はというと、アナリティカルタイプに近い人間です。

エミアブルタイプな側面を持つ自分もいますが、アナリティカルタイプにしても、エミアブルタイプにしても、「相手の話を聞く」という軸があるので、本書でご紹介するコミュニケーションをマスターしていると言えます。

ちなみに人は、家族・職場・友だちなど、どのコミュニティにいるかによってソーシャルスタイルを変えます。

ただし、土台のスタイルは基本的には変わらないのです。

あなたはどのタイプでしょうか？

これを知ったうえで、コミュニケーションのスキルを学んでいきましょう。

ここからはいよいよ、
無理にトークの技術を磨くことなく、
信頼関係を構築するための具体的手法を
ご紹介します。

「話すのが苦手、でも人に好かれたい」

Chapter 3

という人が、信頼を構築するシンプルな方法

なぜ、あの人は無口なのに信頼できるのか？

Action

しゃべるではなく、聞く&質問する

コミュニケーションと聞くと、「私、そんなに上手に話せません」という人がいます。
しかし、本書で提案したいのは、口ベタでも人間関係の悩みは解消でき、それどころか、人間関係を前進させることができるということです。

いったい、どういうことなのか？

営業で圧倒的に成果をつくっている人や、本物の人格者・成功者、恋愛でもモテる人たちに共通していることは、とにかく「相手の話をよく聞く」ということです。

二流の人ほど、自分の話を聞いてもらいたい、理解してほしいと、相手から「もらいたい」ということにエネルギーのほとんどを費やします。そういう人同士の交渉やパートナーシップは、絶対に長続きしません。

大事なことは、しゃべるではなく、聞くこと。
とくに、理解するように相手の話を傾聴することが大切です。

相手の話していることを否定するでもなく、ただ、相手が感じていることや価値観をもれなくそのまま一生懸命聞くスキルです。

そもそも、相手の話を完璧に理解できるくらい真剣に聞こうと思ったら、自分がしゃべることにエネルギーを使う前に、相手の話を聞くことにかなりのエネルギーを消費するはずです。

しゃべらずとも、この相手の話を聞こうとする姿勢だけで、相手はあなたに信頼をよせ、コミュニケーションは成立するのです。

さらに、聞くことにプラスすると効果的なことがあります。

それは、質問です。

効果的な質問は、コミュニケーションを前進させるために必要不可欠なものです。

ただし、効果的な質問が思いつかない、ということで困る人もいるでしょう。

たとえば営業の世界において、とくに新人は、お客さんより知識がない状態ということも多々あります。わかったふりをしても、すぐにバレてしまいます。

私も社会人1年目のころは、会議や商談の場で専門用語がバンバン飛び交い、質問どころか会話についていくのがやっとでした。

そこで編み出したのが、効果的な質問が思い浮かばなくても、要所要所で「オウム返し」を使ってみるということでした。

「どこまでオンラインで、どこからオフラインでやるか迷ってるんだよ」

「ど、どこまでオンラインで、どこからオフラインでやるか迷ってるんですね」

「そうそう、だからさ〜」

という具合に、そのままオウム返しをするだけで質問したことになり、またお客さんがどんどん情報をくれるのです。

これは、わかったふりをしたり、トンチンカンな質問をしたり、無駄に的外れな質

問をするよりよっぽどマシなことなのです。

オウム返しができるくらい、聞くことにエネルギーを注ぎ、質問する。質問が思い浮かばないときは、相手が言ったことを繰り返してみる。それだけで会話は続き、情報はどんどん引き出され、コミュニケーションは成立していきます。

大事なのは、説得より納得です。

相手の心が動けば、数字も必ず動きます。
無駄にしゃべらずとも、コミュニケーションは成立するのです。

しゃべらずとも、相手はあなたを信頼する!!
ウンウン
本当は何言ってるかわからない
○○は××で〜
自分
相手
Bad...
「知ったかぶり」
Good!
“オウム返し”
○○は××で〜
○○は××なんですね!
自分
相手

「トロント」と「プロント」を言い間違える女

Action

わからない言葉を使うくらいなら、しゃべらないそもそもなぜ、人は他人の話が聞けないのでしょうか。

そして、「がんばってしゃべらなきゃ」と思うのでしょうか。

それは、不安だからです。

自分の話が相手に受け入れられるか、あなたはすごく不安なのです。

だから、まくし立てるように無理にペラペラしゃべりすぎて、相手からの鋭い反応が来ないように防御しているのです。

二流の営業マンは、しゃべることに必死になり、お客さんにどう伝わったかという現実から逃避している人が多いです。

本当は相手が話についてきていないことぐらい、わかっているはずです。

それなのに不安だからたくさんしゃべって、話についていけない状態を自らつくっているのです。

わからない言葉を使って無理にしゃべるくらいなら、しゃべってはいけません。

そもそも人は、長い話を理解できません。

そして、その長い話のなかで、ひとつでもわからないことがあると、そのことがずっと気になって、ほかの話が入ってこなくなる傾向があります。

「昨日、仕事が終わって、
みんなでカフェしようと思って『トロント』に行ったんだけど、
そしたら席が全然空いてなくて、まあ雨も降ってたし、しょうがないんだけど、
でも、まさか席が空いてないとは思わないじゃん？
で、やっと入れて座れたと思ったら、いきなりその子が泣き出して、
『彼氏と別れた』って言ってくるんだよ。話を聞いたら……」

どうですか？
そもそも長くて聞いていられなくなりますし、さらに「トロント」という言葉が入ってきた瞬間、思考停止しませんでしたか？

こうなると、そのあとの彼氏と別れた話はまったく頭に入ってきません。

ちなみに、これはネタばらしすると、有名カフェチェーン「PRONT（プロント）」のことを「トロント」と間違えていただけでした。

ここではわかりやすく書きましたが、たとえば営業では、わざわざ誰もが理解できるとは限らない専門用語やかっこいい用語を使っても、いいことはありません。

相手が「え？」となっていても話し続けて、最後まで話せたことに満足している営業マンはとても多いと思います。

人は、長い話は理解できないし、わからないことがあると思考停止します。

無理にしゃべるくらいなら、相手がしゃべるまで黙っていましょう。それでわからないことがあれば、オウム返しをして話を広げればOKです。

不安だからといって、あなたが無理にしゃべりすぎるのではなく、途中で相手が理解しているか確認しながら、コミュニケーションを図りましょう。

会話上手を目指さず、「間」術師を目指せ！

Action

「イエスクエスチョン法」を使おう

コミュニケーションで私が大事にしていることのひとつが、「間《ま》をつくること」です。

成功している人は「間」をうまく使っています。

たとえば接客のプロ・ホストの人たちは、なるべく「間」をあけません。これはお客さんを我に返させないためです。

スポーツの世界も「間」の勝負です。

野球ではピッチャーは、自分の間合いで打者に投球します。バッターとの「間合い」を外せば外すほど打者を打ち取ることができ、成功します。

相撲の立合いも、サッカーのペナルティーキックも、スキーのジャンプも、すべて「間」の勝負なのです。

お笑いは、「間」で笑わす典型的な商売です。

あなたのまわりの話が面白い人を思い出してみてください。

みんな「間」術師なのです。

仕事においても同じです。

「イエスバット法」というものがあります。

相手が言ったことに対して反論したいとき、頭ごなしに否定から入っても、相手は受け入れたくなりません。

だから最初に、「確かにそうですね」と肯定から入り、その後に「でも」と続けて自分の本当に伝えたいことを伝える、というテクニックです。

これは「間」の使い方とも言えると、私は思っています。

いきなり否定から入ると「間」がつくれません。

肯定から入ってあげれば「うん、そうだね」という「間」が入る。

だから、ちょっと落ち着いて、次に話すことを相手は聞けるのです。

しかし「イエス」と肯定したあと、結局「でも」と否定を続けてしまっては、コミュニケーションが前進しないこともあります。

そこで私が実践してるのが、「イエスクエスチョン法」です。

肯定したあとに、否定するのではなく、代わりに質問をしてあげる。

ただそれだけの、シンプルなやり方です。

たとえば、こう言ってきた人がいるとします。

「読書ってさ、大事だとは思うけど、時間もないし、気が進まないよね〜」

これに対して、イエスバット法だと、

「うん、そうだよね。でもさ、時間って自分でつくるものだと思うんだよね」

となります。

これを、イエスクエスチョン法に変えると、

「うん、そうだよね。なんで、なかなか気が進まないんだと思う?」

と聞くのです。すると、

「いやだってさ、難しくて、何度も戻って読み返したりしないといけないじゃん？」

「たしかに。効率的な読書の仕方って聞いたことある？」

「ない。どんなの？」

「冒頭の『はじめに』をパラ読みして、結局、この本では何が言いたいのか、結論を先に知る。そして、そのあと目次から気になる項だけをピックアップして読み進めると、短時間でスラスラ読めちゃうんだって」

「それはすごい！　やってみるよ！」


というように、質問を繰り返すだけで、会話が前進していくのです。

「間」をうまく使いこなし、効果的な質問で会話を前進させましょう。

イエスクエスチョン法を使おう！
Bad...
イエスバット法
自分
確かにそうだね。
でも、〜
相手
結局、否定
すんのかい
「でも」がコミュニケーションを
前進させない…。
Good!
イエスクエスチョン法
自分
確かにそうだね。
なんで〜と思う？
相手
だってさ！
○○が〜
“質問を繰り返すだけ”で
会話は前進する!!

相手を動かしながら、印象さえも支配する技術

Action

「プレゼント」と「行動」を決めるまでは、しゃべらない

「自分が伝えたいように、なぜか伝わらない」

このような経験は誰しもあると思います。

友だちとどうしても共有したい話、恋人にどうしても理解してもらいたい話、お客さんにどうしても伝えたい話……しかし、いざしゃべってみると、うまく伝わらないということは多いはずです。

たくさんしゃべったのに、結果、相手に伝わらないとなると、どっと疲れます。

そこで、私が人としゃべるときに意識していることがあります。

それは「いま私がしゃべってることを、目の前の相手が、テキストとしてきちんと書き起こせるか？」ということです。

なぜなら、人は相手の話を自分の都合のいいように聞いていたり、自分が次に話すことを考えながら聞いていたりするからです。

では、どうすれば相手に自分の思いが正確に伝わるのでしょうか。

コミュニケーション能力が高い人は、必ず次の2つを意識しています。

① プレゼントするものを明確に決めてから、しゃべる

② 行動に着地することを意識して、しゃべる

それぞれ説明していきます。

① プレゼントするものを明確に決めてから、しゃべる

これは、何を届けたいかを明確に決めてしゃべるということです。

プレゼンテーションがうまい人は、プレゼントするものが明確なので、そのプレゼントが相手に届くように工夫ができます。最初に質問を投げかけたり、そのプレゼントが相手に必要な理由を話したり、具体的なエピソードを駆使したりします。

まずは質問を投げかけることで、相手が自分の世界に入ってしまうことを阻止できて、参加意識が上がるので、次に来る話に聞き入りたくなります。

そして、なぜそのプレゼントが必要なのか、よくあるネタを用いながら、相手が自分ごととして聞けるように理由を説明します。

次に具体的な効果・効用を話すことで、その人の体験や具体的な会話を通じて、聞き手が楽しみながら自分ごととして受け取りやすくなるのです。

② 行動に着地することを意識して、しゃべる

プレゼントするものを明確に決めてしゃべると、話を聞いた側はこうなります。

話を聞いたあとに、行動している間、ずっと話していたあなたのことを思い出すことになるのです。要は相手が行動している間、あなたの影響力・存在感がどんどん増していくということです。

誰かとお茶をしたあと、「あれ、結局この時間ってなんだったんだろう?」となってしまうことがよくあると思いますが、それは行動に着地していない、いわゆるコミュニケーション（行動着地）ではなくカンバセーション（気分着地）になっているということになります。

決して、たくさんしゃべることが、相手に伝わることだとは思いません。

無駄なく相手に思いを伝えるには、前述したように、話していることを相手がテキストに起こしたとき、きちんと書き起こせるかという観点で、コミュニケーションを意識していきましょう。

これについて非常に参考になる、プロの話し方があります。

通信販売の「ジャパネットたかた」さんです。

彼らの商品説明がすごくわかりやすいので、見ていきましょう。

・プレゼントしたいもの

「掃除機」

・質問を投げかける

「一家に一台、必要なものといえば何でしょう?」

・あるあるネタ

「大事な受験シーズン。喉がイガイガ、鼻水が止まらない、お子さんがそんな状態になったら嫌ですよね。じつは風邪以外にも、この時期(冬)は、ホコリがたまりやすい、そういう季節だといわれてるんですね」

・具体的な効果・効用

「そこで、ホコリを取り除くなら、この掃除機。強い吸引力が99%も持続します!」

「なぜか。その秘密は、このなかをご覧ください。ダストカップです! じつはこの掃除機、高速気流により、ゴミと空気を分離して吸引力の持続をはかっているんですね。

さらにー！　分離されたゴミは圧縮されるので、たくさん吸ったのに、見てくださ
い……これだけしかゴミが出ないんです！」
「では、具体的にその吸引力を見てみましょう（実演）」

・行動に着地

「本日限定、特別値引きです！」
「さらにー！　買い替え応援キャンペーンとして、いまならどんな商品でも下取り
2万円！」
「これは買うしかない、いますぐお電話！」

といった具合です。
そして毎日、掃除機を使いながら、ジャパネットたかたさんの商品にも注目してし
まう（影響力をもつ）プレゼンになっているのです。

コミュニケーション能力を高めるコツ

❶ プレゼントするものを明確に決めて、しゃべる

・質問を投げかける

➡ 相手の参加意識が上がる

・よくある（共感）ネタを入れる

➡ 相手がそのプレゼントが必要だと認識する!!

・具体的な効果・効用を話す

➡ 相手がイメージしやすくなる♪

❷ 「行動に着地すること」を意識して、しゃべる

➡ **相手が行動に着地！**
（行動している間もあなたの影響力が増す）

ヘタなことは言わずに、まずは何より「事実」を話す

Action

「あなたが思っていること」を伝えるのなんて、最後でOK

「あの件、うまくいってる？」と聞かれたとき、あなたなら何と答えますか。

「はい、いいサービスですし、これからの時代にも必ずニーズがあるものだと思うので、売れていくと思います」

この回答、どう思いますか？

一見、しっかりした回答のように見えますが、まるでダメです。

まず「うまくいってる？」という質問に対しての答えは、「はい」か「いいえ」しかありません。しっかりと質問に答えてください。

当たり前のようですが、質問に答えず、とうとうと自分の見解を答えている人が、よくいます。

「はい」でも「いいえ」でもいいので、まずは返事を、事実ベースの情報のみで語るようにしましょう。

そもそも、質問者はなぜその質問をしたのか、相手の立場に立って考えてみることが大事です。

この場合は、なぜこの質問をしたのか。

それは、うまくいっているかどうか、不安だからです。

私のビジネスのメンターはよく、

「あなたの見解（解釈）はあとで時間があるときに聞くから、まず現場で起こっている事実は何？　現場の声を教えて」

と言います。

まったくその通りです。

事実は信用できますが、見解（解釈）は信用できません。

事実はひとつ、解釈は無数です。解釈はどこまでいっても解釈にすぎないからです。

見解・解釈をいくら長々と話したところで、聞いている側は不安なままです。

たとえば、次のように回答すると、無駄のないコミュニケーションになります。

「あの件、うまくいってる？」

「はい、うまくいっています（**質問の答え**）。

実際にA社に話したところ、導入したい、あとは金額だけだとの感想をいただきました（**事実**）。金額に関しても競合のB社より安いと言っていただきました（**事実**）。

あとはB社含め競合他社が、当社より安く金額を提示してきたときに連絡してもらうよう根回ししたので、問題ないかと思います（**見解**）」

どうですか？

きわめてシンプルな回答ですが、このように話をすると、質問した側も安心できると思いませんか。

事実がふんだんに入っている以外にも、上司がこのまま営業費や広告費を投入しても大丈夫だと意思決定できる、上司が欲しそうな情報が入っているため、安心して聞いていられます。

「うまくいくのか？」というひと言に対して、

「うまくいく。理由はこう。事実はこう。意思決定できる材料はこう。見解はこう」

と、欲しい情報がバンバン出てくるのです。

「1」言っただけで、「10」理解してくれるとは、まさにこういうことをいいます。

事実ベースを語る。無駄な解釈は、あまり挟まない。

これなら、小難しい会話のテクニックも必要ありません。

会話が苦手な人がやるべき、コミュニケーションの基本なのです。

あなたの見解を伝えるのは最後でOK!

見解をいくら話しても、聞き手は不安…

事実ベースで語れば、聞き手は安心!

口ベタでも伝えたいことが伝わる、絶対的な武器とは？

Action

かっこいい言葉は捨てて、数字で語ろう

あの人はあまりしゃべらない、それなのに一目置かれている。
このような人、あなたのまわりにもいませんか？
こんな人たちの会話には、ひとつ大きな特徴があります。

それは、数字で会話しているということです。

なぜ、数字で会話することが大事なのでしょうか？
それは、言葉というものは、人によってまるっきり解釈が変わるからです。
例をあげて考えてみます。

緑が生い茂っていて、温泉の湯気がもくもくと出て、そこに太陽の光が差している美しい渓谷があります。
そんな素晴らしい光景を見ていた男の人が、「……気持ち悪い！」と言いました。

普通は「癒やされるな」とか「風情《ふぜい》があるな」という感想を持つんじゃないか、と思うでしょう。いったい、どういう意味なのでしょうか。

なぜ、その男の人は「気持ち悪い」と言ったのでしょうか？

理由は簡単。

高所恐怖症だったからです。

その渓谷を見て、あまりの高さに目がくらみ、思わず「気持ち悪い」と言ってしまったのです。

どうですか。「気持ち悪い」の理由を、いろいろと想像しませんでしたか？　高所恐怖症が理由だと思った方は、意外と少ないのでは？

このように、人の捉え方はさまざま。情景をどう捉えるか、また出されたメッセージをどう捉えるかは、人によってまったく異なるのです。

要するに、世の中には、同じように伝わらない言葉が多いということです。

たとえば、

「クリティカルに」

「コアコンピタンスを追求しよう」

「どれほどスケーラブルなものなのか」

などは、たしかに一見かっこよく見えます。しかし、残念ながらすべての人に同じように伝わらないので、無駄な言葉です。


それに対して、絶対に同じように伝わる言葉がひとつだけあります。

それは、数字です。


「4」は誰から見ても「4」です。

「10＋2」は、誰がどう計算しても「12」です。

深くもなければ、捉え方が人によって変わることもありません。

「この仕事の進捗はどう？」

「はい、順調です。もう少しで終わります」

これではダメです。

「順調」がどのくらい順調なのかわかりませんし、「もう少し」は受け取り手によって「あと1時間」なのか「あと1日」なのか、ばらつくからです。

「この仕事の進捗はどう？」

「はい、進捗率70％で、あと2日間あれば終わります」

このように、すべて数字で答えましょう。

数字で会話さえすれば、気合いを入れなくても、声を張らなくても、オーバーなジェスチャーをしなくても、あなたの思いが正しく伝わります。

野球の試合に負けて「悔しい」と地面を叩いて大泣きしている人よりも、黙って素振りを1000本やっている人のほうが、悔しかったということが伝わります。

「絶対に志望校に行く」と高らかに宣言している人よりも、具体的に毎日、単語帳を100枚めくっている人のほうが、コミットが伝わってくるものです。

想いは行為で、行為は作業です。作業とは数字に落とし込むことなのです。

気合いや精神論で変わるほど、世の中はあまくはありません。

具体的に、誰が見ても伝わるがんばり方をするべきです。

数字の会話をしましょう。数字の会話をすることで、無駄に力を入れなくとも、あなたの想いはわかりやすく伝わるのです。

イラっとすることを言われたときは、どうするべきか？

Action

マイナスな出来事が起きたら、無理やりプラスの言葉を口に出そう

「人間関係」と聞くと、そこにはいろいろな個人の感情や表面化されていない背景などが絡み合っていて、複雑なことに聞こえるかもしれません。

しかし結局のところ、人間関係とは、自分を中心に成り立つものです。

さらに言えば、自分の言葉のことです。

人間関係をよくするには、自分の言葉を変えるというのが近道になります。

どういうことなのか、簡単に解説します。

たとえば、プラスの出来事に対して、プラスの感情を抱き、プラスの言葉を出すことは容易ですね。

一方でマイナスの出来事に対して、マイナスの感情を抱き、マイナスの言葉を出してしまうのも容易です。

人間関係で悩むのは、あなたが後者のサイクルを繰り返しているからです。

マイナスの出来事で苦しんでいるのではなく、マイナスの言葉で自分を苦しめているということです。

ということは、「マイナスの出来事が起きても、プラスの言葉を話せるか」がポイントになるのです。

これは慣れていないと難しそうに思えます。正直、私も苦しみました。しかし、次のようにトレーニングをした結果、できるようになりました。

マイナスの出来事に対して、その瞬間にマイナスの感情を抱いてしまう。そこで、無理やりでもいいので、まずプラスの言葉をしゃべってみるのです。

すると、そのプラスの言葉を一番近くで聞いているのは自分自身なので、次第に自分の感情がプラスになっていく、というものです。

たとえば、仕事の場合、私は次のように実践してきました。

（1）マイナスの出来事

上司に「権藤、ダメだよ。なんでそんなやり方するんだ」と言われた

（2）マイナスの感情
（いや、あんたがこうやれって言ったんじゃん……）

（3）無理やりプラスの言葉をしゃべる
「申し訳ございませんでした。もう一度やり直して、いいものに仕上げます！ 大変恐縮ですが、どうやればいいか、もう一度ご指示お願いできますか？」

（4）プラスの感情
（素直な自分の言葉を聞いて、イライラがおさまってくる）

プライベートでも、次のように実践してきました。

（1）マイナスの出来事

妻から「なんでココにＰＣ置くの？　いつも邪魔なんだけど」と言われた

（２）マイナスの感情

（そっちだって、いつも靴下脱ぎっぱなし、洋服脱ぎっぱなし、電気つけっぱなしのくせに。それなのによくＰＣ置きっぱなしとか言えるもんだ……）

（３）無理やりプラスの言葉をしゃべる

「ごめんね、気づいてくれてありがとう。すぐ片づけるね」

（４）プラスの感情

（ＰＣを片付けて戻ってくるころには、少しプラスの感情に変わっている）

こういった具合です。選択するのは、いつも自分の言葉なのです。

マイナスなことにも、プラスの言葉を口に出そう！

ダメな例

妻「何でココにPC置くの？　いつも邪魔なんだけど」
自（そっちだって、いつも服とか脱ぎっぱなしのくせに…）

マイナスの出来事を
マイナスの感情で受け取る

↓

悩む要因に

良い例

妻「何でココにPC置くの？　いつも邪魔なんだけど」
自「ごめんね、気づいてくれてありがとう。すぐ片づけるね」
↓
（PCを片付けて戻ってくるころには、少しプラスの感情に）

マイナスの出来事に対して
無理やりプラスの言葉を話す

↓

徐々にプラスの感情に！！

器の小さな人ほど、相手に勝とうとする

Action

先に謝ってしまおう

マイナスの出来事が起きたら、無理やりでもいいのでプラスの言葉をしゃべる。理屈はわかりますが、難しいと感じる人が多いようです。

なぜか。

一度、先ほどの事象を振り返りましょう。

上司にしても、妻にしても、相手にムカついているにもかかわらず、自分が素直な言葉を発していることに、自分自身で抵抗があるからです。

なぜ相手が悪いのに、こちらが「申し訳ございません」「ごめんね」と負けないといけないのか、と思ってしまうから難しいのです。

部長が理不尽。自分が素直に謝ると自分が悪くて、部長が悪くないみたい。何だか自分が損した気持ちになる。

「PC置きっぱなしはやめてよ」と言われると、妻の脱ぎ散らかしっぷりを世の中に知らしめて、妻のほうがひどいということを証明してやる、と勝ちたくなる。

じつは、この気持ちこそが、人間関係を疲れさせているのです。

人間関係の目的は、相手に勝つことではありません。

あなたも、人と関わり合うなかで、お互いがハッピーな気持ちになったほうがいいと、本当はわかっているはずです。

人間関係を良好にするためのポイントは、相手に勝たないことです。

お釈迦様《しゃかさま》のように、罵声に反応せず、受け取らないこと。または「北風と太陽」の話のように、相手をコントロールしようとせずに与えていくこと。これらが本質なのかもしれません。


私の〝メンターのメンター〟にあたる、ある女性経営者は、いつでもどんなときもニコニコしています。

メンターのメンターなわけですから、こちらはとんでもなく緊張するはずなのに、なぜかその方の前では私も自然体でいられるのです。

そして驚いたのが、自分より成果も年齢も下の経営者の方に対しても、「ごめんね、私の頼み方が悪かったね」と、よく謝っているのです。

自分で自分の機嫌をとり、絶対に相手と戦わない人。そんな人だからこそ、その器に人が集まり、大成功されているのです。まさに敵がいない人。「無敵な人」です。

たいていの場合、揉めごとが起きたときに先に謝るのは、弱い人間ではなく、器の大きな人間です。

私もメンターのように、問題が起きたときこそ大人の余裕を見せて、深く謝って、ものごとを前進させられる人間を目指しています。

コミュニケーションの本質に立ち返り、最初は無理やりにでも、「ごめんね」が言える粋《いき》な大人になりましょう。

「お金よりもワクワク」の時代になり、人間関係がより重視される

これからは、多くの仕事をＡＩがこなしてくれるようになります。

さらに、ベーシックインカムが進むと、人が「お金を稼ぐこと」にモチベートされなくなるかもしれません。

高度経済成長のときと違って、お金だけで解決される世の中ではなくなり、「ワクワク」や「共感」によって満足していくように、時代がシフトしているのです。

「お金持ちになりたい」は、人との比較から生まれる感情です。

比較のないコミュニティでは、それは起きません。

人と比較して、将来のために我慢して、稼ぐことだけが正しいとがんばってきた大

人たちに、いまの若い人たちは「別に楽しくなさそうだから憧れない」と共感しません。逆に、ユーチューバーに代表されるように、ワクワクすること・面白がることを追求する人に、憧れるようになってきているのです。

そうなると、資本主義の限界が来ます。資本主義崩壊は起こらないにしても、お金とは別の行動意欲をつくらないといけなくなることは、避けられません。

それが「体験」だったり「共感」だったり「信頼」から来る経済です。

どれだけAIが発展しても、共感する力だったり、想像する力だったり、想像をもとに意思決定していく力は、人間にしか出せません。

そうなると、より実体のあるところにお金が集まります。

オフライン・オンライン問わず、コミュニティを持っていて、商いの実態があるところにお金が集まってくるのです。

その際に大事になってくるのが、より強固な人間関係なのです。

前章ではいい人間関係をつくるためのスキルをご紹介しました。
しかし、スキルを学ぶだけでは限界があります。
考え方も一緒に学ぶ必要があるのです。
ここでは、人とつき合っていくうえで「意識するべきこと」を見ていきましょう。

最高の人間関係を築くために

Chapter 4

「意識するべきこと」

やってはいけない3つのコミュニケーション

Action

自慢しない、否定しない、マウントをとらないコミュニケーションは、無理にしゃべらない（それよりも聞く）ほうがうまくいくと述べましたが、さらに言うと、次の3つは絶対にやらないでください。

この3つをやらないだけで、人とのコミュニケーションは確実に前進します。

① 自慢はしない

退屈な授業と人の自慢話ほど、意識が飛びそうになるものはありません。

知っておいてほしいのは、人は、その人の自慢話より、その人の失敗した話のほうが好きだということです。自慢話は盛り上がらず、失敗話ほど盛り上がります。

ヒットを連発しているある映画会社は、まず主人公がどこまで失敗するか（どん底を経験するか）を決めてからストーリーをつくるそうです。

どん底からの這い上がりの振れ幅が、人々のもっとも興味あるポイントだからです。

自慢ではなく失敗を語ることで、コミュニケーションも盛り上がるのです。

② 否定しない

相手の話についい「いや」「でもさ」「だってさ」と否定から入ってしまっていませんか？　これは、もっとも嫌われるコミュニケーションなので覚えておきましょう。

そもそも、否定ばかりする人と、一緒に話したいと思いますか？

否定する人からは、必ず人が離れていきます。

否定したくなっても、いったん受け入れる、それから質問をしましょう。「いや、私はこう思う」と、相手を頭から否定するコミュニケーションは絶対にやめるべきです。

③ 優位に立とうとしない

俗にいう「マウントをとる」というやつです。

マウントをとる人は、次のような人です。

・負けず嫌い
・承認欲求が強い
・じつは恐れている
・空気の読めない勘違い

どうですか？

いいことがありません。

本物の成功者は、決してこのようなことはしません。

逆に「ごめんね」や「すごいね」「もっと教えて」などの言葉が、臆面もなく言えるのです。

コミュニケーション上手の人は、傾聴したり質問をする以外に、「褒める」「驚く」「面白がる」というのが非常にうまいのです。

そして、この3つ以外にも私の大事にしていることが、「**身近で大切にしたい人ほど、ほどよい距離感を保つ**」ということです。

人間関係は、近すぎるとどうしても、その人の粗《あら》が見えてしまいます。

どんなに人に憧れられていて、人当たりもよく、ニコニコしている人でも、家では洗濯物もたたまずに寝起きは不機嫌かもしれません。

私の運営している起業塾でも、付き合っているカップルが同棲するというときに、必ず私がアドバイスすることは、「お互いに裸や下着姿を見せすぎないようにしてね」ということです。

近すぎて、ドキドキ感がなくなると、恋愛もうまくいかないからです。

人は完璧ではないのが当たり前です。本当に大切で失いたくない人とは、ほどよい距離感を保っているほうが、つねに美化できて長く関係が続くのです。

コミュニケーションにも「ソーシャルディスタンス」があるということを、覚えておきましょう。

やってはいけない!! 3つのNGコミュニケーション +α

NG❶
「自慢する」 → **人は自慢より失敗した話が好き!**

NG❷
「否定する」 → **否定ばかりする人からは必ず人が離れていく…。**

NG❸
「優位に立とうとする」 → **本当の成功者はマウントをとらない!**

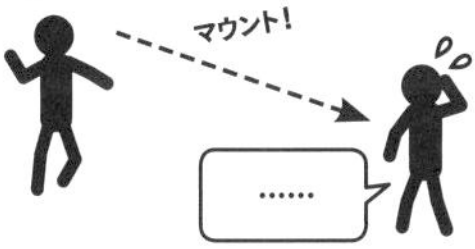

NG+α
距離感が近すぎる → **ほどよい距離感が互いを美化する!**

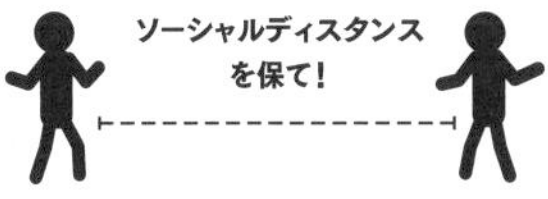

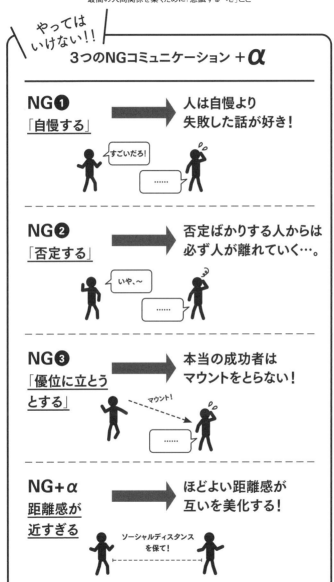

人と会って、あえて
プレッシャーを受けよう

Action

自己開示をして、フィードバックをもらう

「ダイヤモンドで磨かれるように、人は人で磨かれる」という言葉があります。

ダイヤモンドの結晶は、もともと単なる炭素です。イメージは鉛筆の芯だと思ってください。地下100キロメートルという深い地中で、高温・高圧の力（プレッシャー）によって結合が強くなり、綺麗な結晶となることから、あのような透明で美しい姿になります。

もともとは炭素なので、最初から私たちが知っているダイヤモンドのように、キラキラ光っているわけではありません。

ダイヤモンドはプレッシャーによってピカピカに磨かれ、自然界でもっとも美しく、硬い鉱物となったのです。

これは、人も同じことがいえます。

人は、人と会うことによってプレッシャーを感じ、自分の意見（意思・尊厳）が固まっていきます。

では、人と会うことによって得られるプレッシャーとは何なのか。
大きく2つあります。

それは「自己開示」と「フィードバック」です。

もともとのあなたの能力に、この2つのプレッシャーが加わることで、人としての幅が広がり、未知の可能性が開かれるのです。

たくさんの人と会うことで自分のコアがはっきりわかってきて、「自分とは何者か」「自分の目的・存在理由」が明らかになります。すると、どんどん自分をオープンに無防備に、さらけ出すことができるようになってきます。これが自己開示です。

そして、自己開示をすると、人からのフィードバックをもらいます。

フィードバックがあることで、まだ自分自身でも気づいていない領域に気づくことができるようになってきます。

たとえば厳しいフィードバックをもらったときは、「自分のこのひと言が余計だったかな」「ちょっとあせりすぎたかな」と、必ずあなたの成長につながる、あなたがまだ気づいていないメッセージがあるものです。


この自己開示とフィードバックを繰り返すことで、どんどんあなたの人としての幅は広がり、人として成長していくのです。


そうやって成長した自分で人に関われば、人間関係の悩みも解消されていきます。

人は人で磨かれることを意識して、怖がらず積極的に人と会っていきましょう。

結局「スジ」を通す人が、可愛がられる

Action

「ありがとう」を口ぐせにして、義理人情《ぎりにんじょう》を大切にしよう

「ありがとう」の5文字には、魅力的で強いパワーが秘められています。

「ありがとう」の言葉をもらうと嬉しくなりますし、他人に「ありがとう」と言うと、こちらの幸せも深まります。

「ありがとう」は円滑な人間関係を築くうえで、最強ワードのひとつです。

本来「ありがとう」という言葉は「有り難い＝有ることが難しい」という意味で、「滅多にない」ことを言います。

病気になったときに健康であることのありがたさがわかるように、普段から忙しくしていると、なかなか「有ることが難しい」ことに気づきにくくなります。

・健康でいられるありがたさ
・ご飯が食べられるありがたさ
・仲間がいるありがたさ
・仕事が順調であるありがたさ

・いまの自分がここまで来ることができたありがたさ

「ありがとう」の反対は「当たり前」です。

ですので、「ありがとう」とは、当たり前ではないこと、普段では気づきにくいことに気づくために、自分に向けて言う言葉なのです。

さらに、当たり前でないことに気づくだけでなく、義理人情を大切にする人は、よりよい人間関係を構築できます。

お世話になった人が亡くなったときに涙を流すことは「人情」です。しかし「義理」とは、実際に香典を持って葬式に行くことです。

どちらも大事ですが、家でずっと泣いている暇があったら、すぐに葬式に行きましょう。それがスジというものです。

お世話になった人、助けてもらった人、教えてもらった人に対して、「感謝してい

る（＝人情）」というだけでなく、「世話になったから葬式に行く。その人のお店に行く。その人から買う（＝義理）」というように、行動まで伴《ともな》わせてスジを通すのです。

たいてい、そういうお世話をしてくれた人・助けてくれた人・教えてくれた人というのは人格者なので、「別に気持ちだけでいいよ」などと言ってくれます。

でも、それにあまんじて、その人から買わない、その人の店に行かない、というのは本当にセンスがないと思います。

スジを通しましょう。

そういう人が、心の底から可愛がられ、応援されます。

「ありがとう」と言えて、義理人情を大切にする人こそ、円滑な人間関係を築くことができるのです。

#「障害はチャンス」なんて思えないときは、こうしなさい

Action

「いま、この障害はココに効いているんだ」と意識して〝悩みの筋繊維〟を太くしよう

ビジネス書やセミナーで学んでいる人は、よく「障害はチャンス」という言葉を耳にすることでしょう。

私も経験ありますが、「障害はチャンス」と教えてもらうと、そのときは「うん、うん」と何の抵抗もなく理解できます。

しかし、実際に目の前に障害が訪れたらどうでしょうか。

会社との衝突、ビジネスパートナーからの拒絶、彼氏彼女との別れ、クライアントからの叱責《しっせき》……など、人間関係にまつわる障害なんて日常茶飯事に起こります。

そのときに、最初から「あ、障害はチャンスだ！」と思える人は少ないはずです。

そんな状況下で、心中穏やかにいられる人なんかいません。

シンプルに「障害は障害」にしか見えないのです。


ここで大事なポイントは、障害をどう乗り切るかです。

私は筋トレが日課なのですが、筋トレで最初にやることは、筋繊維を通すことからだと言われています。

大胸筋を鍛えたくても、筋繊維が通っていないうちは違うところに力が入り、腕が筋肉痛になったり、首筋が痛くなったりするのです。

私のパーソナルトレーナーは、大胸筋のトレーニングをしているときには、

「１（イチ、ドン・ドン）、２（ニ、ドン・ドン）、３（サン、ドン・ドン）」

と数を数えながら、私の大胸筋をドンドンと叩いてきます。

「いまココに効いているんだぞ」と筋肉に教えているのです。

そうすると筋繊維が通りはじめ、大胸筋がパンプアップされ、筋肉がちぎれるので、大胸筋が大きくなります。

「**筋肉がちぎれる↓元に戻ろうとする**」

これで筋肉が大きくなるのです。

要するに、障害が障害にしか思えないときに大事なことは、最初に障害に対する筋繊維を通すことなのです。

初めてぶつかった壁ですから、まだ障害の筋繊維が通っていないのは当たり前です。

そのときに、メンターを見つけて「いまココに効いてるぞ！」と教えてくれる存在がいることが大きいですし、そういうときこそメンターの経験を借りるべきです。

いちど筋繊維が通ってしまえば、2回目以降からは、もしかしたら「障害はチャンス！」と思えるかもしれません。

身体とは、変化（痛み）を起こさないと、大きくなりません。

成長痛によって身長が伸び、筋肉痛によって筋肉が大きくなり、メンタル痛になって障害に対する筋繊維が太くなるのです。

だから、痛みを喜んでください。

喜ぶからこそ、人間関係の悩みから脱却できるのです。

残念ながら、学んでいるだけでは筋繊維は通らないし、心の筋肉はちぎれません。

行動です。行動のあと、筋肉が破壊されて大きくなるように、心が破壊されて大きくなるのです。さあ、行動しましょう。

末期がんのスーパースターが、控室で言った衝撃のひと言

Action

約束を守ろう

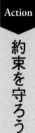

私のメンターが、ある大尊敬していた経営者の方を、イベントのゲストにお呼びしたことがあります。

そのゲストはある業界のとんでもない大スターで、そばで話を聞くだけでもやっとなほどの人気ぶりでした。

そんな方に奇跡的にアポが取れて、ゲストでスピーチしていただけるという大チャンスが訪れました。

ただ、そのときにわかったことがありました。

じつは、その方は末期ガンになってしまっていたということでした。

メンターは、そのゲストの末期ガンという事実を知り、「来られるはずだったが、体調も悪化されてるし、これは仕方ない」と、あきらめていたそうです。


ですが、なんと当日、その大スターの経営者が会場にお越しになったのです。

息をぜーぜーと言わせながら、這うように会場に来られ、控え室の椅子に倒れ込むように座っているのがやっとの状態で、とてもスピーチなんてできる状態ではありませんでした。

しかし、講演中はさすがプロ。

完璧なスピーチをされ、体調の悪さをまったく感じさせませんでした。

講演が終わり、控え室に戻ると、また椅子に倒れ込んでしまい、ぐったりされていたようです。

メンターが、

「本日は体調がすぐれないなか、本当に、本当にありがとうございました。正直、来てくださるとは思いもしませんでした。本当に感謝してます」

と伝えると、その経営者はひと言、声を絞って言ったそうです。

「約束したから」

この話を聞いたとき、心が震えました。

約束とは、コミットメントです。コミットメントとは命がけで達成することです。

言葉では知ってはいたものの、私はこの話を聞いて以来、コミットメントの言葉の重さを噛みしめました。


あなたは大事な人と、どんな約束をしましたか？

どんなに状況が変わっても、その約束を果たそうとしていますか？

都合が悪くなっても、必死で自分を変えようと努力していますか？

約束は力づけです。

この経営者がすばらしい人間関係にめぐまれていることは、言うまでもありません。

円滑な人間関係をつくるために、約束を守る人間になりましょう。

コミュニケーションの潤滑油は、「無駄なバイアスからの解放」である

Action

「なぜ」「そもそも」「本当に」を使おう

人から相談を受ける、ということもありますよね。

私も「がんばっているのに、なかなか結果が出ないんです」という相談をよく受けることがあります（そもそも、成果になっていないということは、がんばっていないということなのですが……）。

そういう方に私がよく伝えることが、「優先順位が間違っているんじゃないですか？」ということです。

私からすると、優先順位が違うというのは、無駄なことやっている時間が多いということになります。

人は日常において、バイアス（思い込み）により、無駄を省けていないことが多いのです。

たとえば1日8時間仕事をしている人に、「1日7時間で、いまと同じ成果をつくってくれないか」と言っても、バイアスには気づきません。

しかし、「どうしたら2時間でいまと同じ成果をつくれると思う？」と投げかけると、抜本的にいまの仕事の仕方を見直す必要があるので、無駄なバイアスに気づきはじめます。

・朝の会議はいらない
・見積もり作成は自分じゃなくてもできる
・そもそも出勤する移動時間も無駄
・出勤しないで済むと、急な電話対応や上司との雑談の時間もなくなる
・すべて対面でなくても、オンラインでできる会議もある

このように、思い込みで「やらなきゃ」と思っていたことが、じつは不要なことであると気づきはじめます。

このことは、会社のなかという閉鎖環境にいてもなかなか気づきにくいことです。

社外の専門家（コンサルタント）に相談してみたり、別の会社・業界で働いている

友人と話してみたり、パートナーや子どもと話してみると、ハッとする解決策が見つかったという人も多いと聞きます。

「その人が1日中考えていることが、その人である」という言葉があります。
あなたはどんなことに24時間、思考を使っていますか。
その優先順位が成果を決めます。

相談されたら、バイアスを取り除いてあげるひと言をかけてあげましょう。
そのときに役に立つのが、「なぜ」「そもそも」「本当に」という言葉です。

「気になるあの人が、振り向いてくれないんです」
「**なぜ**、あの人に振り向いてほしいんですか？」

「がんばっているのに、なかなか結果が出ないんです」

「**そもそも**、優先順位が間違っているのでは？」

「言われたとおりにやっているのに、毎回失敗してしまうんです」

「**本当に**言われたとおりにできていますか？」


すると、相手は抜本的に無駄を削るために、視野を広げて、社外の人や身近な人の意見を聞くなどの行動を起こし、簡単に解決することも多いのです。

無駄なバイアスからの解放。意識してみてください。

「なぜ」「そもそも」「本当に」を使って、無駄なバイアスから解放されよう

「なぜ」

「そもそも」

「本当に」

これまで、解決しないと思い込んでいたものが…

オンラインのテキスト上で揉めたら、4往復以内で切り上げる

Action

無駄を省きつつ、アナログな部分も大事にしよう

いまや、スラックやチャットワークなどのコミュニケーションツールを使っていない会社のほうが少ない時代になってきました。

これらのチャットツールにおいて、大事にするべきことがあります。

それは、チャット上ではネガティブな議論をしないということです。

テキストだと顔が見えない分、文章が短絡的になってしまいます。また、相手の意見の裏側にある価値観なんかも見えにくいです。

そうなると、お互いの言葉が強く、そしてきつく感じられて、つい感情的な衝突も起こりやすくなります。

もし、少しやりとりして、4往復以上の議論になりそうな場合は、もうそこでやめておいて、別日に直接会うミーティングを設定したほうが効果的です。

「健全な意見の対立から生まれる対話」は、成果をつくるうえで効率的であり、大事なことです。

しかし、チャット上だと、そもそも人間が持ち備えている重要な「五感」という要素がふんだんに使えません。

そういうときは、対面で「五感」をふんだんに使って話し合ったほうが伝わることが多くなります。

有名な「メラビアンの法則」というものがありますが、人は言語情報から7％、聴覚情報から38％、視覚情報から55％も影響を受け取ります。

情報が与える影響というのは、言葉以外が93％なのです。

つまり、意見が対立しているのに、聴覚と視覚が使えないチャット上で、議論が成立するのはきわめてハードルが高いということが言えます。

五感を使ってコミュニケーションを取るほうが、結局はロスが少なくなるのです。

そして、何よりも良質で効率的な人間関係の構築は、ランチに行ったり、仕事後に飲みに行ったり、アナログな機会をつくることが一番です。

人間はプログラムで動く機械ではありません。

機械のように働くよりも、雑談したり、社外で交流するほうが、仕事の生産性が高まることが、さまざまな研究結果から見ても明らかになっています。

なぜ雑談や交流によって生産性が上がるのかというと、それは情報の流通度が上がるからです。

雑談が適度な休みとなって、リフレッシュになるのです。

ですので、仕事ができる人ほど社内でのコミュニケーションを大事にしています。

無駄に見えるようなことにすごく価値があるのです。

アナログなコミュニケーションを大切にして、一貫した自分で勝負しましょう。

これから必要なものは「チームビルディング」だ

私は、メンターに「先にチームをつくってから、商売をはじめなさい。大事なことから、先にやりなさい」と教わってきました。

先に仲間を集めてチームビルディングをしていたおかげで、飲食店を開店した瞬間、自転車操業でやりくりしないといけない状況ではなく、いつも満席状態の予約待ちで商売がスタートできました。

チームビルディングは、「集客」とも少し違います。

集客はメリットデメリットで動くので、よく「雨の日はお客さんが入らない」というような状態が起こります。

これが「チームビルディング」だと、義理人情に近いところがあるので、「どうせ外で1000円の外食をするなら、権藤さんのお店で食べよう」と、積極的に来店してくれます。ある種の「コミュニティ」化するのです。

都会よりも田舎のほうが、コミュニティ色が根強く残っている、とよく言います。この「コミュニティ」ということについて深く考えさせられた話があったので、ご紹介します。

石川県で、オーガニック野菜をつくって販売している知り合いのAさんという方がいます。

Aさんのもとへ、東京の方から電話がかかってきました。

時期はちょうど、東日本大震災の復興真っただ中というところです。

その東京の方は、以前、福島県の自然栽培の野菜セットを購入していたそうです。

「福島があんなことになって、あそこのものはもう買えないから、おたくの野菜を買わせろ。みんなの値段の倍を払ってやるから、売れ」

Aさんは「何様だ」と怒り、「あなた、なんでそんなに偉いんですか?」と言い返したそうです。

そのときAさんはこう思ったとか。

日頃から野菜の値段が暴落したときも買い続けてくれるお客さんたち、支えてくれるお客さんたちがいるんだ。そちらを優先するのが当たり前だろう、と。

「倍どころか10倍出されても、あなたには売りません」と言って、電話を切ったそうです。

コミュニケーションにおける強い共感というのは、お互いを尊重、リスペクトする関係性から生まれています。

いいコミュニティというのは、所属する全員のロイヤリティが高く、「チームは自分で、自分はチーム」という考え方のもと、成り立つのです。

漁師なら「海は自分で、自分は海」です。農家なら「田んぼは自分で、自分は田んぼ」です。

会社組織とは違って、「ここまでは自分の責任だが、ここからはあなたたち」というような分離の考えはないのです。

全員が「チームは自分」だと思っている分業なのです。


アフリカの、とある小さな村の話。

ある子どもは毎日、川に水を汲みに行って、みんなに配り、ある子のお父さんは毎朝パンのようなものを焼いて、村人に食べさせていたそうです。

そこを訪れた日本人に、村人がこう聞いたそうです。

「あなたの役割はなんですか？」

その日本人は、答えることができなかったとか。

コミュニティにおいては、自分がどんな役割を果たし、奉仕しているのかが大事になってきます。

それぞれが自分の長所を発揮して、チームとして勝っていくことこそ、チームビルディングの醍醐《だいご》味《み》なのです。

もちろん、チームビルディングは容易いものではありません。

信用はどれだけ積み重ねても一瞬で崩れるので、信用の上で成り立つコミュニティは、ちょっとした気の緩みも許されず、自分を律し続けなければなりません。

人と向き合い、果敢に失敗し、フィードバックを受けながら、自分にベクトルを向けて改善するような人であり、達成する人でないと、人はついてきません。

成長を通じて、成功するというプロセスが味わえる、まさに人生そのものがチームビルディングの醍醐味なのです。

「みんなが参加しやすい仕組みをまずはつくって、それから、テクノロジーがサポートする」と教えてもらったことがあります。

まずは、コミュニティありきで、そこからテクノロジーと融合できる社会が求められているのです。

チームビルディングこそが、これからの時代の人間関係の構築やビジネスモデルのカギとなることは間違いありません。

口ベタでも信頼を構築できるコミュニケーションをするうえで、「不要な考え方」というものもあります。最終章では、この「捨てるべきこと」を見ていきましょう。

最高の人間関係を築くために

Chapter 5

「捨てるべきこと」

ウソは、捨てる

Action

正直でいれば、人間関係のストレスはなくなる

ウソをつくことは、結局、人間関係の悩みや無駄が増えることにつながります。

ちょっとした小さなウソをつくだけでも、心に引っかかりを感じたり、罪悪感を抱いたりします。そして、そのウソのつじつまを合わせるために、さらにウソをつき……ということを繰り返し、ずっと無駄な労力を使っていくのです。

ウソをつかなくなると、そういう心のざわつきがなくなるから、いつだって精神が平穏になるし、自分の言動に自信が持てるようになるはずです。

自分にも他人にもウソをつかないことを心がけて生きたほうが、絶対に後悔しないし、ストレスがないし、無駄がないので、最終的に早くゴールにたどり着くのです。

間違ったときは、意地を張らずに謝ったり、失敗を認めるのです。

正直でいましょう。わからなかったら、たくさん質問しましょう。

大好きな彼女のことで、わからないことがあったら、放っておかないでしょう。質問攻めにするはずです。**わかったふりや演技では、すれ違うばかりで、お互いにとって、何のメリットもありません。**

「サボっちゃだめだ！」を、捨てる

Action

「大事なつき合い」と「無駄なつき合い」をジャッジする

サボる能力を身につけると、人間関係がうまくいきます。

サボるとは、極端に言い換えると、スマートに動くということです。

「サボる」と聞くと悪いイメージを持つかもしれませんが、ここで言うサボるとは、優先順位をうまくつけよう、ということです。

サボる技術は大切です。成功する人は皆、サボるのが上手です。

サッカーの世界的スーパースターであるリオネル・メッシは、90分の試合時間で、歩いている時間80％、ジョギングしている時間10％、全力で走っている時間5％と統計で出ているようです。

つねに全力を尽くさなくても、決定的な場面で仕事をする、まさにプロです。

ピッチ上ではつねにリラックスしており、どれだけ重要な試合になっても、メッシがストレスを感じている様子はなく、まるで自宅の庭で遊んでいるような感覚で、芝生の上を歩いているのです。

まさに無駄のない、スマートな動きだと思いませんか。

間違ってはいけないのは、これは単に楽をしなさいと言いたいわけではありません。手を抜くべきではない箇所と、手を抜いてもいい箇所を見極める力が、必要になります。

サボるのがうまいスマートな人の共通の特徴があるとすれば、それは「部分ではなく、全体を見て仕事をしている」ということです。

目の前の作業に集中していても、つねに目的に立ち返って、いまやっていることが効果的か否かを判断し、全体にどんな影響を与えているかに注目します。そして、どんどん無駄を省き、効果的な方法を見つけ出していきます。

逆に、サボるのが下手なスマートでない人は、すべてのことに全力で打ち込んでしまい、視野が狭くなり、そのうち身体にガタがきて病気や怪我をしてしまいます。

人間関係も同じです。

「絶対にここは外せない」というつき合いと、「ここはスルーしておいていいかもな」というつき合いを冷静にジャッジし、うまくサボることが大事なのです。

そのつき合い…、

「サボっていい or サボっちゃいけない？」

怒るを、捨てる

Action

怒るより叱る、怒るより褒める

怒るという行為自体も、いいことがありません。

頭に血がのぼり、血圧が上がり、コルチゾールというストレスホルモンが分泌され、寿命が縮むだけです。もちろん、人間関係にも悪影響です。

怒ってしまうということは、自分に自信と余裕がない証拠でもあります。

怒りの感情を抑えられずにあらわにしてしまうのは、己の未熟さを堂々とまわりに告知するに等しい、恥ずかしい行為なのです。

怒りの感情に支配されると、判断力が鈍り、致命的なミスを犯してしまう確率も上がります。そもそも、怒ることで無駄な体力と神経を削りとられてしまいます。

ちなみに、お母さんが子どもにするのは、「叱る」という行為です。

「怒る」は、感情がコントロールできない、単なる八つ当たりで迷惑なことなのに対して、「叱る」は、目の前の人が今後よりよい方向に進んで成長していけるように導くことです。

怒るは感情、叱るは愛情なので、叱るということは人を育成していくなかで非常に大切なことになります。

そして、さらに大切なのは、褒めることです。

「こうダメだ」と怒れば、怒られたなりの人になるし、「こう素晴らしい」と褒めれば、褒められたなりの人になる。人はそう思った通りになってしまいます。

であれば、「こう素晴らしい」と期待を込めて、人を褒めたほうが、その人の育成にもつながることになります。

ある教師が「期待をかけ続けた生徒」と「そうでない生徒」とで、成績に明らかな違いが出たという「ピグマリオン効果」の実験からも、これは実証されています。

褒めるところがあったら褒めるのではなく、褒めるところがなくても褒める箇所を見つけることが、人を育成していくのかもしれません。

「怒る」を捨てよう!

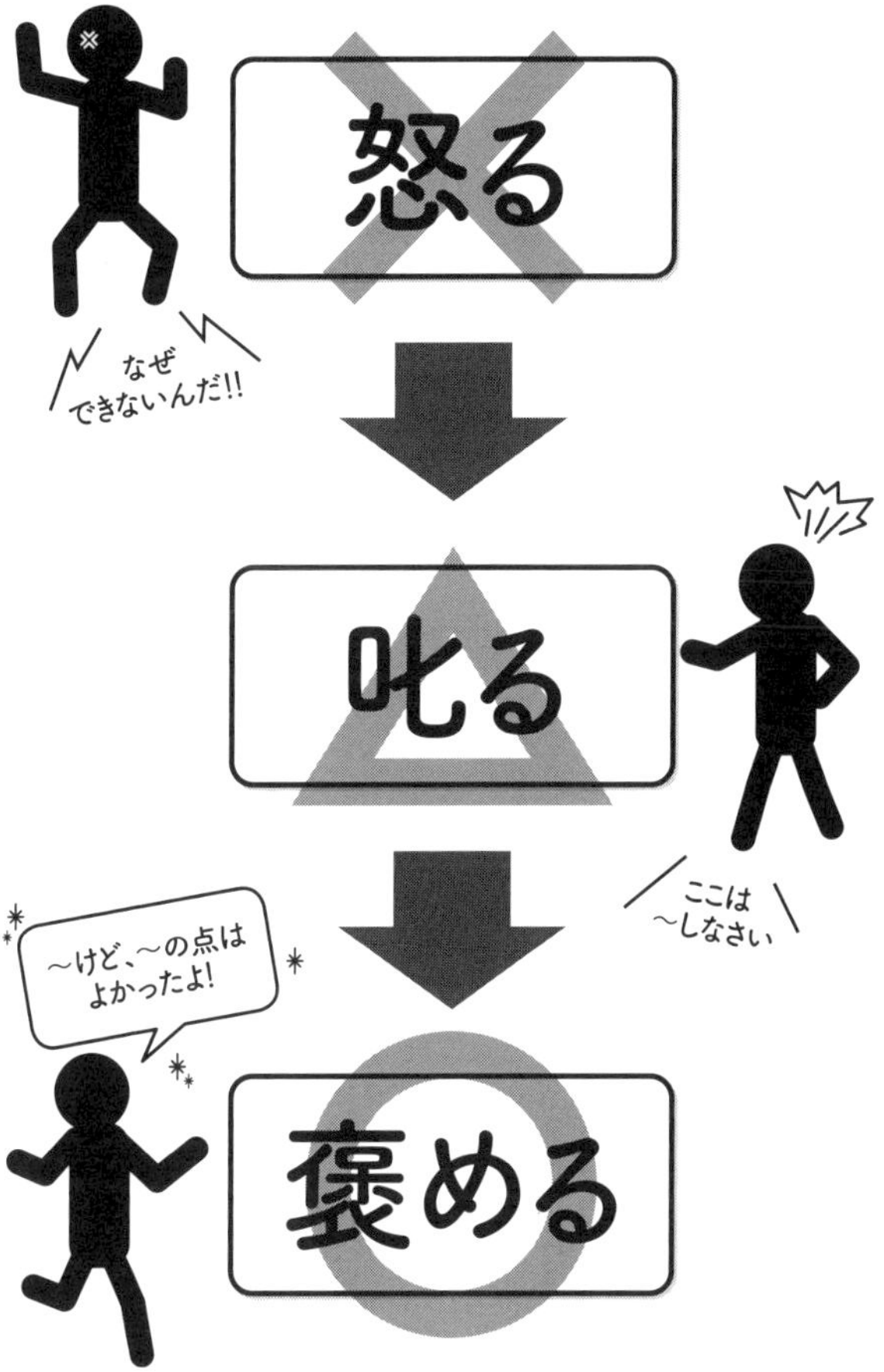

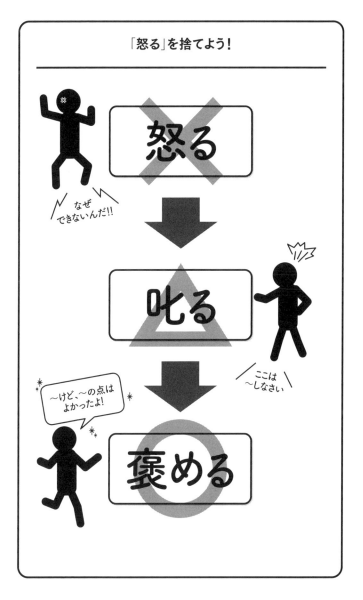

「孤独は嫌だ」を、捨てる

Action

一人の時間をつくろう

もしあなたが、人間関係が苦手で疲れやすいのなら、極限まで人間関係を絞ってみるのもオススメです。

悩まない人ほど、一人の時間をしっかりつくっています。

そして、一人が寂しいという人ほど、人間関係でイライラしています。

人と何かをするということは、多大な労力が必要で、それがストレスを生みます。

お互いの予定をすり合わせたり、待ち合わせ場所までの移動があったり、それに加えて相手が遅刻してくる可能性やドタキャンする危険性、会っている最中に自分のやりたいことができないなど、数えたらきりがありません。

さすがに人と会っていて、いきなり鼻をほじったり、平気でオナラをしたりできないので、できない制限が多くて、小さなストレスがたくさんたまるのです。

逆に、一人遊びが得意な人は、心が安定しています。

「知性的な人ほど、他人と会っている時間が長ければ長いほど、幸福度が下がってい

く」という面白い研究結果があります。

私は、このことがすごくわかる気がします。

「自分のやるべきことに取り組みたい」と思っている人ほど、人とダラダラ関わっている時間がストレスで仕方ないのです。

一人の時間ができる一番のメリットは、自己研鑽に使える時間が増えるということです。

一人の時間は、誰にも邪魔されない集中できる時間なので、自分磨きには最適です。

もちろん、人と会うこと自体が無駄なことだとは1ミリも思いません。

しかし、ネガティブな人や怒りっぽい人と会うくらいなら、自分の成長のために時間を使ったほうがよっぽど生産的です。

孤独を受け入れ、人のことではなく、自分のことに時間を使いましょう。

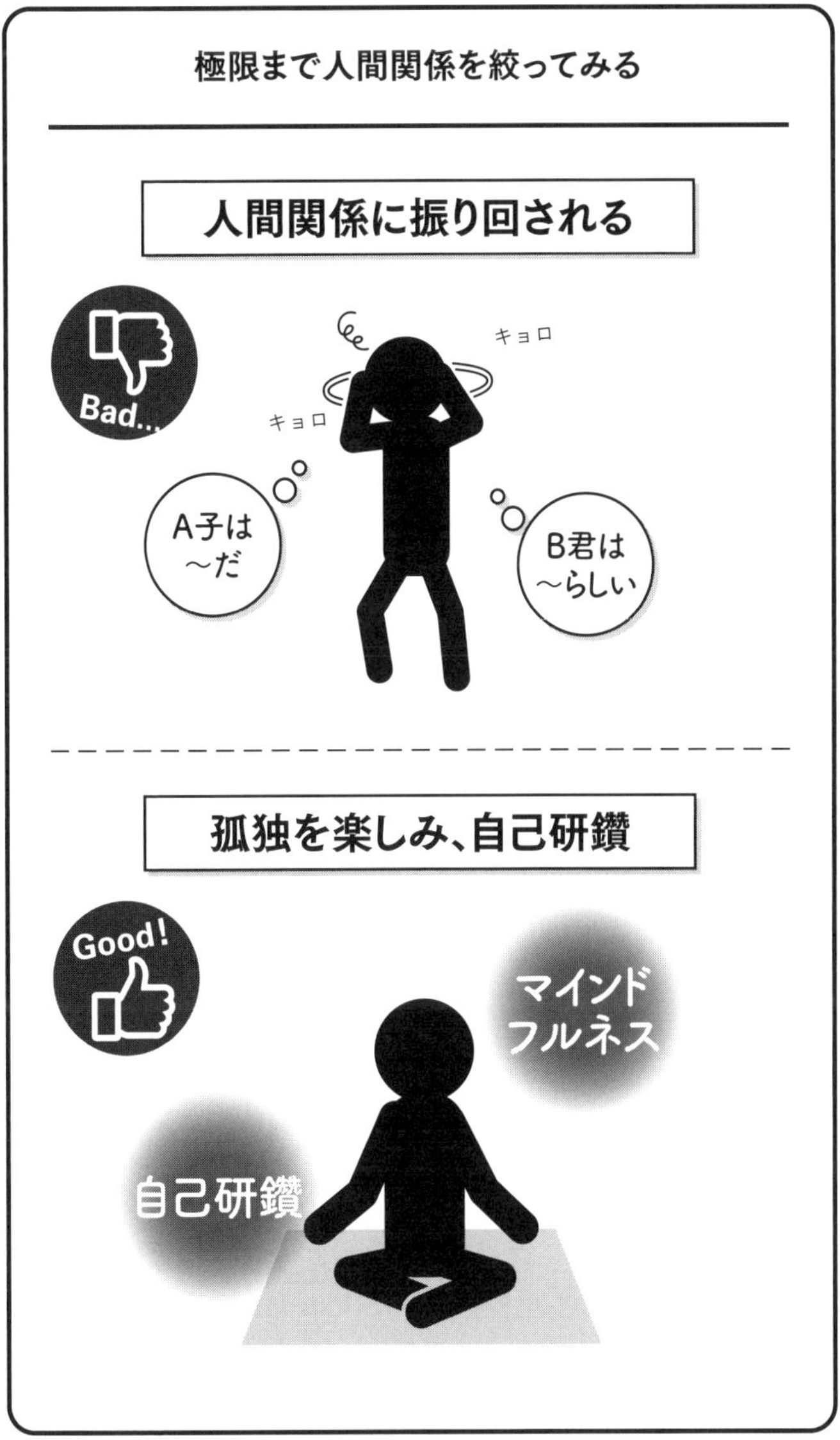
極限まで人間関係を絞ってみる
人間関係に振り回される
Bad...
キョロ
キョロ
A子は
〜だ
B君は
〜らしい
孤独を楽しみ、自己研鑽
Good!
マインド
フルネス
自己研鑽

「自分には無理だ」を、捨てる

Action

自己決断を促そう

いろいろ話をしてきましたが、これで最後にしましょう。

本書で語ってきた、口ベタでもうまくいくというコミュニケーションが、なぜ大事なのか。

すべての話に通じているのは、相手の都合を優先できる人になれるからです。

話を聞くこともそうです。

・オウム返しすることも
・短い言葉でしゃべることも
・わかりやすい言葉を選ぶことも
・自分の言葉を変えることも
・事実でしゃべることも
・数字でしゃべることも

すべて、相手のためです。

コミュニケーションとは、相手が存在するため、あらゆる想定外が起きます。

理想を追っていても、絶対に自分の思い通りの結果になるとはかぎりません。

しかし、あらゆることが起こっても、いかなる場面でも、自分の都合よりも相手の都合を優先することが、人生の絶対的成功法則なのです。

営業マンでも然《しか》りです。

自社の商品を売るよりも、いかにその人の、その会社の人生を豊かにできるか、その人のよきアドバイザーになれるか、このことを優先することが大事なのです。

その人のよき相談役になって、そのクライアントの信頼を勝ち取って、最終的に商品にも興味を持ってもらえればいいのです。

その場では売れなくても、また相談してくれて、いつか自社の商品に興味を持ってくれるかもしれません。

「自分は営業には向いていない」と言う人がいますが、私は向き不向きであきらめる人が一番嫌いです。

よく、「好きなことを仕事にしなさい」と、いろいろな著名人が書いていますが、彼らは天才なのです。天才で突出しているから、好きなことをやっているだけで、仕事になるのです。

でも、もしあなたが私と同じ凡人なら、好きなもの・興味があるものに対して、続けなければ絶対にうまくいきません。

最後に、一番大事なこと。

それは、あなた自身がしゃべっていることに、あなたが一番感動してください。

あなたが自分の話をつまらないと思っていたら、どうして相手にあなたの話が伝わるでしょうか。

あなたの話には価値があるのです。

あなた自身が話に感動しているから、相手もあなたの話を聞いて、「よし、やろう」と自己決断される。それが最高のコミュニケーションです。

本書を通して、人間関係の悩みを解消するために、何をしゃべったらいいのか、何をしゃべらなければいいのか、少しはおわかりいただけたでしょうか。

これからの人生、「無理にしゃべらない」という最強の力を使って、あなたがさらにご活躍されることを心より願っております。

あとがき

最後までお読みいただき、ありがとうございました。

『「話すのが苦手、でも人に好かれたい」と思ったら読む本』は、いかがだったでしょうか。

コミュニケーションとは、しゃべるよりも聞くこと・質問すること・黙ることのほうが大事だということが少しでも伝わったならば、幸いです。

私が意識してきたのは、たったひとつ、つねに相手軸でいることです。

本書のなかでも綴《つづ》りましたが、自分が好きなことだけをしゃべって、自分だけ気持ちよくなって満足するのは、コミュニケーションとは言いません。

それは、ただの会話（カンバセーション）であり、これでは相手が行動することや決断することは決してありません。そういう人からは、結果的に人は離れていくでしょう。

たとえてみるとよくわかります。

営業においては、自社の話だけを一生懸命する営業マンが、顧客の心をつかむことはありません。

起業においても、見ず知らずのおじさんが自分の話を一生懸命投資家に語ったところで、誰も興味はありません。

恋愛においても、自分のことだけ考えている人は、会話もエスコートも性行為もヘタなはずです。

相手にメリットを与えないと、人は動かないのです。

これだけは覚えておいてください。

人はみな、自分のことをわかってほしい・褒められたい・認められたいということにエネルギーの大半を使っているということを。

だから、あなたがしゃべることよりも、笑顔で「うんうん」と話を聞いて、相手を褒めることのほうが、コミュニケーションにおいては、よっぽど大事になってくるのです。

SNSで、友だちがタピオカの写真を投稿したら、あなたがタピオカ好きかどうかはどうでもいいから、「すごい！　美味しそう！」と言いましょう。

友だちがハワイに行った写真を投稿したときは、間違っても「僕もそこ行ったよ。いいよね。あそこもいいよ！」なんて、マウントをとっている場合ではありません。

あなたが気持ちよくなっても何も意味がないのです。

でも、あなたがいかに相手軸で行動をしたところで、相手はいままで通り、自分の話したいように話すし、聞きたいように聞いてるし、あなたが「いいね！」をしても、コメントしても、あなたには何も返ってこないかもしれません。

たしかに、見返りを求めると苦しくなります。

それでも相手の反応は気にせず、粛々と自分のやるべきことをやってください。


私は、自分で運営する起業塾のセミナーにおいて、同じことを繰り返し、なるべく新鮮に話すことを意識しています。

「また同じ話をしている」と思っている人もいれば、「なるほど！　そういうことだったのか！」と思っている人もいるでしょう。

でも、そうやって忍耐強く同じことを繰り返し伝えていると、相手のアンテナが変わったときに、突如、真意が伝わったりするのです。


私自身を見てもそうです。

「今日のメンターの話、本当に気づきが多く、学びが多かったです！」

「ありがとう。でも今日の話は、いつもしている話なんだよ。権藤くんが成長し、ステージアップしたから、そこにアンテナが立ったんだね」


こういうことです。


忍耐強く、相手軸のまま、行動し続けてください。

これが、私が無口なまま営業で世界第2位、起業で複数の事業を展開し、オンラインサロンで累計400人のコミュニティを創ってきた結果の要因です。

本書を通じて、自己決断を引き出す状態をつくり出せるようになったあなたは、これで思い通りにならない毎日から卒業です。

話すのは苦手、でも相手に好かれたい。それは誰にでも解決できる状態です。

コミュニケーションの本質と、円滑な人間関係の構築のヒントを得たあなたの、これからの活躍を応援しています。

あとは、実践あるのみ。一緒にがんばりましょう。

最後にひと言。

「無理にしゃべろうとしていませんか？」

参考文献一覧

『共感資本社会を生きる』新井和宏／高橋博之 著（ダイヤモンド社）
『神・時間術』樺沢紫苑 著（大和書房）
『仕事は人間関係が9割』宮本実果 著（クロスメディア・パブリッシング）
『ハイパワー・マーケティング』ジェイ・エイブラハム 著（KADOKAWA）
『人は話し方が9割』永松茂久 著（すばる舎）
『心に従う勇者になれ』ジョン・キム 著（日本実業出版社）
『もっと幸せに働こう』MB 著（集英社）
『ウルトラメンタル教本』中田敦彦 著（徳間書店）
『ストレスゼロの生き方』Testosterone 著（きずな出版）
『億を稼ぐ人の考え方』中野祐治 著（きずな出版）
『世界一ワクワクするリーダーの教科書』大嶋啓介 著（きずな出版）

著者プロフィール

権藤優希　（ごんどう・ゆうき）

株式会社シーマネジメント代表取締役。東京都内で飲食店、オーガニックショップ、レンタルスペースの運営、講演会・ビジネストレーニング事業などを多岐にわたって展開する。福岡県久留米市生まれ。大学卒業後、日本電気株式会社（NEC）に入社。新人最速で大型案件を受注し、注目を集める。NECにおいてさまざまな賞を獲得した後、4年目に独立。起業後はNEC時代のノウハウを活かし、営業の事業において、半年間で業界内世界第2位の記録をつくる。自身の経験をもとにおこなわれる講演会は大人気で、20〜30代の若者を中心に、300人規模の講演会を月に4〜5回開催している。最近では、自身が手掛けるオンラインサロンも注目を浴びている起業家。

著書に『自分で決める。』『心が強い人のシンプルな法則』（きずな出版）がある。

「話すのが苦手、でも人に好かれたい」と
思ったら読む本

2020年8月20日　第1刷発行

著　者　　　　権藤優希

発行者　　　　櫻井秀勲
発行所　　　　きずな出版
東京都新宿区白銀町1-13　〒162-0816
電話03-3260-0391　振替00160-2-633551
https://www.kizuna-pub.jp/

ブックデザイン　池上幸一
印刷・製本　　　モリモト印刷

ISBN978-4-86663-117-2

きずな出版

権藤優希の好評既刊

※表示価格は税別です

自分で決める。

すべてがうまくいく最強の力

人生は自分の思い通りに送ることができる！　ムリだと思えることでも、人生の主導権を自分で握ることで、すべてが実現する。それが「自分で決める力」。すぐに実践できる、自由な生き方で成功を掴むための 41 の秘訣！

本体価格 1400 円

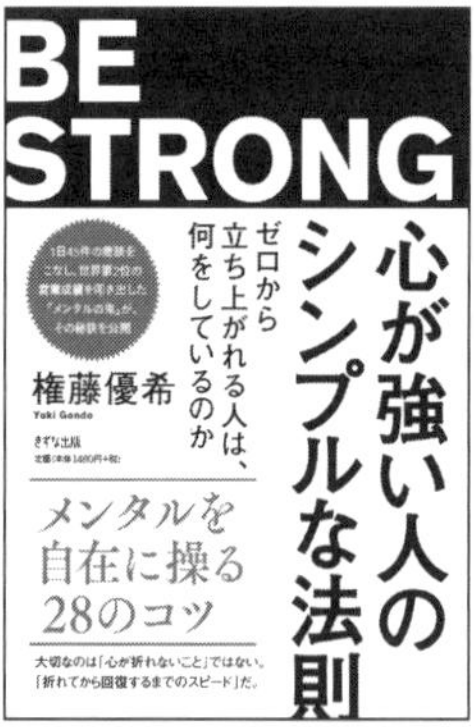

心が強い人のシンプルな法則

ゼロから立ち上がれる人は、何をしているのか

心が強い人の心の強さは「折れても一瞬で立ち直る方法」を知っていることにある。本書にはメンタルを自在にあやつる２８のコツを掲載！　超実践的メンタル回復法のすべて。

本体価格 1400 円

書籍の感想、著者へのメッセージは以下のアドレスにお寄せください

E-mail：39@kizuna-pub.jp

きずな出版

https://www.kizuna-pub.jp